# Braz-En Language Experts

Brazilian Portuguese

Beginner 2

Dr. Rita Giovana M. Ferraro

# Contents

Brazilian portuguese beginner 2 – book outline ........................................ xiii

Preface / PREFÁCIO ........................................................................................ xv

The Captions in this book / AS LEGENDAS NESTE LIVRO ........................ xvii

Chapter 1: Terminology for ongoing consultation /
TERMINOLOGIA PARA CONSULTA FREQUENTE ...................................... 1
    Grammatical Concepts / *Conceitos gramaticais* .................................... 1

Chapter 2: Pronunciation notes and tags for this book /
PRONÚNCIA E LEGENDAS NESTE LIVRO ................................................... 5
    Pronunciation Tips and Hints /
    *Dicas de Pronúncia* ................................................................................. 5
    Pronunciation – Review / *Pronúncia - Revisão* ..................................... 6
    O folclore brasileiro: *A lenda do Saci-Pererê* ...................................... 11

Chapter 3: Writing Style Guide /
ESCRITA: GUIA DE ESTILO ......................................................................... 15

Chapter 4: Verbs 'Conhecer' and 'Saber' ................................................. 19
    The regular Verb "Conhecer" ................................................................ 19
    The Irregular Verb "Saber" .................................................................... 20
    Review of Verb 'to be' /
    *Revisão dos verbos 'ser' e 'estar'* ......................................................... 22

Chapter 5: The Demonstrative Pronouns /
OS PRONOMES DEMONSTRATIVOS ......................................................... 29
    The use of demonstrative pronouns /
    *O uso dos pronomes demonstrativos* .................................................. 31

Chapter 6: Use of Verbs: Gostar (de), Preferir ........................................ 37
    The Relative Pronouns / *O Pronome Relativo* .................................... 39
    Possessive Pronouns / *Pronomes possessivos* ................................... 40

## Chapter 7: Prepositions /

**PREPOSIÇÕES** ................................................................................ 45

    Preposições: em, no, na, nos, nas ........................................... 45

    Prepositions and Continents / *Preposições e continentes* ............ 47

    Review of Prepositions + Articles / *Revisão de Preposições com Artigos* ...... 56

## Chapter 8: Lesson's vocabulary /

**VOCABULÁRIO DA LIÇÃO** ............................................................... 59

    Expressions with the verb "to phone" / *Expressões com o verbo "ligar"* ........ 63

    Irregular Verbos: Present of Indicative /
*Verbos irregulares: Presente do Indicativo* ..................................... 65

    Reading / *Leitura* ........................................................................ 69

    Regular Verbs ending in: - ar, - er, - ir /
*Verbos regulares terminados em: - ar, - er, - ir* ............................... 75

    Verbs ending in - ir ..................................................................... 76

## Chapter 9: How to Answer Questions in Portuguese /

**COMO RESPONDER EM** .................................................................. 79

## Chapter 10: 1 500 reais em 6 meses ............................................ 85

## Chapter 11: The gerund – ING /

**O GERÚNDIO – NDO** ..................................................................... 91

## Chapter 12: The Present Continuous Tense /

**O "PRESENTE PROGRESSIVO"** ........................................................ 97

## Chapter 13: The Adverbs / **OS ADVÉRBIOS** ............................... 115

    Adverbs ending in 'ly' / *Advérbios terminados em 'mente'* ........... 116

## Chapter 14: Formal or informal? ................................................ 123

    Read the following letter / *Leia a carta abaixo* .......................... 125

## Chapter 15: Worldly Customs /

**COSTUMES NO MUNDO** ................................................................ 129

    "Must" / Verbo 'dever' ............................................................... 134

**Chapter 16: (Hours/Time) /**

**AS HORAS** ...................................................................................................**137**
   What time is it? / Que horas são? ..................................................... 137
   Aural Comprehension / Compreensão auditiva ............................. 139

**Chapter 17: At what time...? /**

**A QUE HORAS...?** .........................................................................................**151**
   Verbos <u>abrir</u> (to open) e <u>fechar</u> (to close / shut down) ................. 151

**Chapter 18: Natalia's Routine /**

**A ROTINA DE NATÁLIA** ..............................................................................**157**
   Regular and Irregular Verbs with Spelling Changing ..................... 159
   How to write the hours in Portuguese /
   Como escrever as horas em português ............................................ 161

**Chaper 19: Invitations /**

**CONVITES** ....................................................................................................**171**
   Appendix: Regular and Irregular Verbs in Present Tense .............. 174
   Answers / Respostas dos exercícios ................................................... 176

# Exercise

Exercício 1: Tongue-twister / *Travalíngua* .................................................. 7
Exercício 2: Syllable Stress / *Sílaba tônica* ................................................ 9
Exercício 3: Recognizing stressed syllables and practicing pronunciation / *Reconhecendo sílabas tônicas e praticando pronúncia* ................................................ 9
Exercício 4: The appropriate word / *A palavra certa* ....................................... 10
Exercício 5: Compreension of Text / *Compreensão de texto* .......................... 11
Exercício 6: Talk to your classmates (in group) / *Fale com seus colegas de turma (em grupo)* ............................. 12
Exercício 7: Working with adjectives / *Trabalhando com adjetivos* ............... 15
Exercício 8: Crosswords / *Palavras cruzadas* ................................................ 17
Exercício 9: "conhecer" or "saber"? / *"conhecer" ou "saber"?* ...................... 20
*Exercício 10: Música* (Song NOT included) ................................................ 21
Exercício 11: Applying the Verbs *Ser + Estar* (Present Tense) / *Usando os verbos Ser + Estar (Presente do Indicativo)* ............ 23
Exercício 12: Making sentences with both *ser* and *estar* / *Elaborando frases com ambos os verbos ser e estar* ................. 24
Exercício 13: Choosing the appropriate demonstrative pronouns / *Escolha o pronome demonstrative apropriado* ....................... 30
Exercício 14: Complete the sentences with demonstrative pronouns / *Complete as frases com os pronomes demonstrativos* ............. 31
Exercício 15: What is this…? / *O que é isto…?* .............................................. 33
Exercício 16: Homework / *Dever de casa* ..................................................... 34
Exercício 17: This is an extra exercise for you to complete the missing words / *Este é um exercício extra para você completar as palavras que faltam* ............................................. 35
Exercício 18: Your preferences / *As suas preferências* ................................. 38
Exercício 19: Homework / *Dever de casa* ..................................................... 38
Exercício 20: Elaborating sentences with "that" / *Elaborando frases com "que"* ................................................... 40
Exercício 21: Working with possessive pronouns / *Trabalhando com os pronomes possessivos* ............................. 41
Exercício 22: Making comparisons / *Comparando* ........................................ 42
Exercício 23: Homework / *Dever de casa* ..................................................... 43
Exercício 24: Ask questions / *Faça perguntas* ............................................... 47

Exercício 25: Working with prepositions /
   *Trabalhando com preposições* ................................................. 48

Exercício 26: You ask! / *Você pergunta!* ......................................................... 49

Exercício 27: Locating wonders of the world, monuments and
   atractions / *Localizando as maravilhas do mundo,
   monumentos e atrações*........................................................ 52

Exercício 28: Answer the following questions / *Responda as perguntas* ......... 54

Exercício 29: Ask the questions / *Faça as perguntas* ..................................... 55

Exercício 30: Homework / *Dever de casa* ....................................................... 56

Exercício 31: Crosswords / *Caça-palavras* ...................................................... 57

Exercício 32: Descover the meaning / *Descubra o significado* ...................... 59

Exercício 33: Form Sentences / *Forme frases* ................................................ 60

Exercício 34: Audio comprehension / *Compreensão auditiva* ....................... 60

Exercício 35: Practice a bit more / *Pratique um pouco mais* ......................... 61

Exercício 36: Answer the questions / *Responda as perguntas* ....................... 62

Exercício 37: Choose the appropriate expressions /
   *Escolha as expressões apropriadas*........................................... 64

Exercício 38: Using the verb "dar" in sentences /
   *Usando o verbo "dar" em frases*............................................... 67

Exercício 39: What is the correct answer? / *Qual é a resposta certa?*............. 71

Exercício 40: Selecting the appropriate verbs /
   *Escolhendo os verbos apropriados* ........................................... 72

Exercício 41: Text's compreension / *Compreensão de texto*.......................... 72

Exercício 42: Translate and choose the verb /
   *Traduza e escolha o verbo* ....................................................... 77

Exercício 43: Answering questions in affirmative and negative forms /
   *Respondendo as perguntas nas formas afirmativa e negativa* ......................... 80

Exercício 44: Use the vocabulary recently learnt to translate the
   dialogue below / *Use o vocabulário recém aprendido
   para traduzir o diálogo abaixo*.................................................. 82

Exercício 45: Homework / *Dever de casa*....................................................... 82

Exercício 46: Finding the corresponding expressions /
   *Encontrando as expressões correspondentes* .......................... 85

Exercício 47: Discussing questions / *Debatendo questões*............................. 87

Exercício 48: Homework / *Dever de casa*....................................................... 87

Exercício 49: Listen to the track and complete the exercise /
   *Escute a faixa e complete o exercício*...................................... 88

Exercício 50: Making Suggestions or Solutions /
*Dando Sugestões ou Soluções*..................................................90

Exercício 51: Transforming infinitive into gerund /
*Passando do infinitivo para o gerúndio*....................................92

Exercício 52: Finding solutions with gerund /
*Encontrando soluções com o gerúndio*....................................92

Exercício 53: Matching / *Faça a correspondência*.........................................93

Exercício 54: Matching the corresponding statements /
*Faça a correspondência entre as afirmações*...........................94

Exercício 55: Homework / *Dever de casa*......................................................94

Exercício 56: Application of 'estar' + '-ndo' (gerund) /
*Uso de 'estar' + '-ndo' (gerúndio)*............................................98

Exercício 57: Ask your classmate / *Pergunte ao seu colega de turma*.............99

Exercício 58: Adding punctuation / *Pontue*.....................................................99

Exercício 59: Translating into Portuguese / *Traduzindo para o português*......100

Exercício 60: Student A and Student B / *Estudante A e Estudante B*.............101

Exercício 61: Howework / *Dever de casa*......................................................108

Exercício 62: More oral practice / *Mais prática oral* ......................................110

Exercício 63: Working with the Present Continuous Tense /
*Trabalhando com o 'Presente Progressivo'*............................111

Exercício 64: Identifying the adverbs / *Identificando os advérbios* ...............116

Exercício 65: Guess / *Adivinhe*.......................................................................118

Exercício 66: Find the equivalent adverbs /
*Encontre os advérbios equivalentes*.......................................119

Exercício 67: An interview / *Uma entrevista* .................................................120

Exercício 68: An informal chat / *Um bate-papo* ............................................120

Exercício 69: Text comprehension / *Compreensão de texto* ........................122

Exercício 70: Formal or informal? / *Formal ou informal?* ..............................123

Exercício 71: Andre's letter / *A carta de André*..............................................126

Exercício 72: Writing a postcard / *Escrevendo um cartão-postal* ..................127

Exercício 73: Walking on the beach / *Passeando na praia* ...........................128

Exercício 74: About habits and customs… / *Sobre hábitos e costumes*........130

Exercício 75: Expanding your vocabulary /
*Aumentando o seu vocabulário*..............................................131

Exercício 76: Follow the model / *Siga o modelo*...........................................131

Exercício 77: Circle what one should not do /
Circle o que não se deve fazer .................................................. 132

Exercício 78: One should avoid / Deve-se evitar + "r" ............................... 133

Exercício 79: To talk / Para falar ........................................................ 133

Exercício 80: Homework / Dever de casa ............................................. 134

Exercício 81: Using must/should / Usando o verbo dever ............................ 135

Exercício 82: Talk to your classmate / Fale com o seu colega ...................... 140

Exercício 83: Write the time / Escreva a hora ....................................... 140

Exercício 84: Ask your classmate / Pergunte ao seu colega ou a sua colega ... 142

*Exercício 85: Música* ...................................................................... 143

Exercício 86: Homework / Dever de casa ............................................. 143

Exercício 87: Audio comprehension / Compreensão auditiva ...................... 146

Exercício 88: To talk / Para falar ...................................................... 147

Exercício 89: Business Hours in Brazil / O horário comercial no Brasil .......... 152

Exercício 90: To Talk / Para Conversar ............................................... 153

Exercício 91: Complete the missing information /
Complete a informação que falta ............................................... 153

Exercício 92: Providing full answers / Dando respostas completas ............... 155

Exercício 93: Listen and tick the correct answer /
Escute e marque a resposta certa ............................................... 157

Exercício 94: Your daily routine / A sua rotina diária ............................... 158

Exercício 95: Work with the pictures below and the verbs above /
Trabalhe com as figuras abaixo e os verbos acima ..................... 160

Exercício 96: To talk and write / Para falar e escrever ............................. 161

Exercício 97: My routine / Minha rotina .............................................. 162

Exercício 98: Text interpretation / Interpretação de texto ........................ 163

Exercício 99: How is your routine? / E a sua rotina, como é? ..................... 164

Exercício 100: A bit about Dayse / Um pouco sobre Dayse ....................... 165

Exercício 101: Answer / Responda .................................................... 166

Exercício 102: Homework / Dever de casa ........................................... 167

Exercício 103: Routine: When I don't have to work... /
Rotina: quando não tenho que trabalhar ................................ 168

Exercício 104: Verifying how much you understood /
Verificando o quanto você entendeu? ..................................... 171

Exercício 105: Dialogues Transcript / Transcrição dos diálogos ................. 173

# Audio Recordings

OUÇA: Track Number 1 .................................................................. 7
OUÇA: Track Number 2 .................................................................. 10
OUÇA: Track Number 3 .................................................................. 60
OUÇA: Track Number 4 .................................................................. 61
OUÇA: Track Number 5 .................................................................. 88
OUÇA: Track Number 6 .................................................................. 99
OUÇA: Track Number 7 .................................................................. 108
OUÇA: Track Number 8 .................................................................. 120
OUÇA: Track Number 9 .................................................................. 139
OUÇA: Track Number 10 ................................................................ 146
OUÇA: Track Number 11 ................................................................ 152
OUÇA: Track Number 12 ................................................................ 153
OUÇA: Track Number 13 ................................................................ 157
OUÇA: Track Number 14 ................................................................ 162
OUÇA: Track Number 15 ................................................................ 165
OUÇA: Track Number 16 ................................................................ 166
OUÇA: Track Number 17 ................................................................ 168
OUÇA: Track Number 18 ................................................................ 171

# Brazilian portuguese beginner 2 – book outline

**Pre-requisites:** This Level 2 language course is suitable for those who have completed Brazilian Portuguese Beginner 1. Students should already have a basic understanding of Portuguese, including present tense verb conjugation, the use of pronouns, articles and the construct of sentences.

**Course Outline:**
- The Captions in this book (As legendas neste livro)
- Tongue-twister (Travalíngua)
- A Brazilian legend
- Continents, Countries, Capitals, Cities, Suburbs and Places
- Letters (formal and informal)
- Chatting over the phone
- Worldly Customs
- Daily routine
- Days of Week
- Invitations
- Hours
- Answers to written exercises

**Grammatical points:**
- Terminology for ongoing consultation / *Terminologia para consulta frequente*
- Pronunciation – Notes and Tips
- Pronunciation - Review (Pronúncia – Revisão)
- Syllable Stress (Sílaba tônica)
- Writing Style Guide: Adjective Sentences and Adjectives
- Present Tense of Regular and Irregular verbs
- Verbs ending in –ar, -er, -ir
- Pronominal Verbs (casar-se, divertir-se, etc)
- Infinitve verb forms: (-r)
- Gerund verb forms: (-ndo)
- Present Continuous Tense: "estar + ndo" (*be + ing*)
- Verbs with Prepositions: *ficar em/com/sem/etc* (*to be in/at/with/without, etc*)
- How to answer questions in Portuguese using only one verb

- Demonstrative Pronouns and their use: *este(s), esta(s), esse(s), essa(s), aquele(s), aquela(s); isto, isso, aquilo* ( *this, these, that, those*)
- Relative Pronoun *"que"* (*that, who, whom*)
- Possessive Pronouns: *meu, minha, etc* (*my, mine, etc*)
- Prepositions (*Preposições: em, etc* (*in, on, at, to, within, by*)
- Prepositions and Continents (*Preposições e Continentes*)
- Contractions: *do, da, etc / no, na, etc* (of the, in the, at the)
- Idiomatic Expressions
- Adverbs ending in "–mente" (-ly), and other adverbs

**Learning Outcomes:**
- Express wishes, preferences, choice reasons and doubts
- Describe professionals and their duties
- Make suggestions or solutions
- Describe daily activities
- Give the time and talk about the commencement and closure of events/activities
- Locate places and talk about localisation of places
- Ask for and give information

# Preface / PREFÁCIO

**The picture on the cover of this book and its story**

The picture on the cover of this book was not chosen by coincidence. At the time that the picture was taken, I was on holiday in Brazil with my son. Once there, my brother and a friend took us to revisit some places in Rio de Janeiro. To chill out, we stopped at Praia do Flamengo where we had some coconut water.

Some people were playing "frescobol", or "futevôlei" while others "futebol". My brother asked to join the latter team and, of course they agreed. I was sitting on the white sand of this carioca beach – its quite typical for Brazilians to visit these white sandy beaches, drink the sweet fresh water from a coconut and contemplate the meaning of life: this, combined with my son playing with other kids whom he did not know, my brother and friend playing *futebol* with the guys they just met. It makes for an idyllic setting where time stands still.

Whilst it is my pleasure to now share this photo, and the story behind it with you, I do so with the hope that one day, you'll get the opportunity to create your own memorable story. You see, that's what Brazil is like. You'll be walking along the beach, start a conversation with a local, maybe join a sport or be invited to someone's home for dinner.

Until you next arrive in Brazil, I wish you all the best with your studies.

Até já!
Rita Ferraro

# The Captions in this book / AS LEGENDAS NESTE LIVRO

Please refer to the below captions, which I have added to this book to help you better visualise the activities required.

**READ = LEIA**
**GRAMMAR = GRAMÁTICA:**

**IMAGINE; THINK ABOUT = IMAGINE, PENSE**

**WRITE = ESCREVA:**

**LISTEN = OUÇA:**

**SELF-ORAL PRACTICE = PRÁTICA ORAL**

**TALK = FALE, CONVERSE**

 **CLUE = DICA**

**P** = Pergunta (*Question*)     **R** = Resposta (*Answer*)
**NOTA** (*Note*)

***Answers*** *to written exercises are provided at the end of this book.*

# Chapter 1

# Terminology for ongoing consultation / TERMINOLOGIA PARA CONSULTA FREQUENTE

## Grammatical Concepts / *Conceitos gramaticais*

### Adjective

An adjective is a variable word that describes a noun, adds "quality" to it and expresses a state of being. In English, the adjective precedes the noun whereas in Portuguese, the adjective follows the noun.

> Examples: bonito / a (pretty), simpático / a (friendly), grande (big), pequeno / a (small)
> [menino *bonito* = *pretty* boy]

### Article

A variable word that precedes a noun to define, alter or limit its use.

> Example: *a* house / *uma* casa

### Conjugate

To conjugate is to alter the infinitive form of any verb in order to have the verb show the person it refers to, in singular or plural, and the tense – present, future, past.

> Examples: to talk – infinitive form (falar – forma verbal no infinitivo).
> Ele fala ("He talks" - present tense, singular)
> Ele falará ("He will talk" - future tense, singular)
> Ele falou ("He talked" - past tense, singular)
> Eles falam ("They talk" - present tense, plural)
> Eles falarão ("They will talk" – future tense, plural)
> Eles falaram ("They talked" – past tense, plural).

**Note:** It would be wrong in English to say "**He to talk**" because "to talk" is the infinitive verb form. To say it properly you need to "conjugate" the infinitive "to talk". When you say "**He talks**" you conjugated the verb "to talk". You need to apply the same procedure in Portuguese.

## Definite article

It precedes a noun already known by the speaker or reader, e.g. "*a casa*" (*the house*). There are four definite articles in Portuguese that correspond to "the" in English: o, a, os, as. The definite articles agree to the noun in gender (masculine or feminine) and number (singular or plural).

Examples: *o* menino (*the* boy)
*a* menina (*the* girl)
*os* meninos (*the* boys)
*as* meninas (*the* girls)

## Ending

Is the final part of anything like a verb, a noun, etc. For instance when a verb ends in "*r*" it is in its infinitive form (e.g. falar), when it ends in "*ndo*" it is in a gerund form (falando – "talking'), when it ends in "*ado*" it refers to the regular past participle of a verb (falado – 'talked'), when a noun ends in "*s*" it usually represents the plural form (amigos – 'friends'), etc.

## Gerund

The gerund is a verb form that represents a "happening" action. In Portuguese it ends in "*ndo*" (e.g. falando, comendo, saindo), while in English it ends in "ing" (e.g. talking, eating, leaving).

## Indefinite article

It precedes the noun that the speaker or reader does not know about. There are four indefinite articles in Portuguese: um, uma, uns, umas. The indefinite articles agree to the noun in gender (masculine or feminine) and number (singular or plural).

Examples: *um* menino (*a* boy)
*uma* menina (*a* girl)
*uns* meninos (*some* boys)
*umas* meninas (*some* girls)

## Infinitive form

The unconjugated verb that ends in "*-r*" in Portuguese. In English, it corresponds to a verb that receives "to" in front of it e.g. to talk.

## Irregular verb

The irregular verb presents variations in its root or in its ending when it is conjugated i.e. it doesn't follow the *regular* rules of conjugation that other verbs follow. For example, the irregular verb *"ir"* (which is the verb "to go") is conjugated as "vou" in the first person present tense. This doesn't follow the rules of conjugation that apply for regular verbs.

## Noun

A noun is a name of a thing, person or place, whether it is an animated, inanimate, real or imaginary being. Imagine that you don't know the name of something and you ask "What is the name of this *thing*?" The "thing" or the name of this "thing" is the noun. ("What is the name of this "thing" we hang on the wall?" "Quadro" ("painting"). So, "quadro" in Portuguese, or "painting" in English is a noun.

   Examples: *mesa* (table), *menino* (boy), *quadro* (painting).

## Personal Pronoun

The personal pronoun corresponds to one of the three persons in the discourse (1st, 2nd, 3rd person singular – *eu, você, ele / ela* and 1st, 2nd, 3rd person plural – *nós, vocês, eles / elas*). Note: I use the personal pronoun "você" for the second person, along with the third person verb conjugation, because this is the most common form in Brazil. Some limited areas of Brazil (and other Portuguese speaking countries) use "tu" instead of "você" along with the second person verb conjugation. The second person singular and plural forms of verb conjugation are not covered in my books because they are not common.

## Preposition

Is a part of speech that establishes relationships among other words in the sentence. A preposition links nouns, pronouns and other words in the sentence.

   Examples: *sobre* (on, above), *de* (from, of), etc.

## Pronominal Verb

The pronominal verb is an infinitive verb (ending in "r") followed by a reflexive pronoun (-*se*). A pronominal verb is a verb that is always used with a reflexive pronoun.

   Example: "chamar-se" (to be named "oneself") / pentear-se (to
              comb "oneself")

## Regular verb

It has an invariable root and it follows a paradigm / pattern that can be applied to all regular verbs. For example, the regular verb "morar" (which is the verb "to live / reside") is conjugated as "moro" in the first person present tense of Indicative. This follows the rules of conjugation that apply for regular verbs by maintaining the "root" and replacing the "ending".

## Root

The root is the most important part of the verb to be conjugated. In regular verbs the root is invariable and facilitates the conjugation. You need to know the infinitive form of a regular verb in order to find its root. Then you remove the ending – first, second and third conjugations (-ar, -er, -ir) and what remains is the root. For instance, the root of "falar" is "*fal*", the root of "comer" is "*com*" and the root of "partir" is "*part*".

## Stress

The stressed syllable is louder, longer or stronger then the other syllables of a word. Dictionaries often provide a phonetic transcription of words and the stressed syllable is normally shown under an apostrophe signal.

> Examples: barber /ˈbaːbə/
> schoolmate /ˈskuːlmeɪt/
> \* numismatic /ˌnjuːməzˈmætɪk/

> \* Note that the apostrophe (ʹ) represents the primary or main stress of a word while the signal (ˌ) shows secondary stress in words with 3 or more syllables.

Although I will always provide you with formal pronunciation guides, I also provide more pragmatic simplyfied pronunciations in this book. The strong syllable will appear stressed / underlined. Our pronunciations were written and chosen by our students after several in-class tests.

> Example: não */nawn/*

## Verb

A verb is a word that expresses action, quality, state or existence of a person, animal or thing.

# Chapter 2

# Pronunciation notes and tags for this book / PRONÚNCIA E LEGENDAS NESTE LIVRO

In this section, you will receive an introduction to Portuguese grammar and its use of accents. Notes, tips and hints will be provided alongside those words, phrases or pronunciations that may prove to be difficult for native English speakers (as the English language doesn't contain many of the accents used in Portuguese, for example). These notes and explanations will also be followed by various exercises that will help to reinforce the practical use of the Portuguese language.

The practical exercises are also often accompanied by an audio file that you can listen to whilst following the written text. Although explanatory notes and audio files may not accompany every word or exercise, they are aimed at accompanying the "more difficult" words in Portuguese.

Additional grammatical explanations will also be provided in the chapter if they are required as part of the content.

## Pronunciation Tips and Hints / Dicas de Pronúncia

Throughout this book you will frequently encounter two "forward-slashes". These act as a pronunciation guide. The pronunciation for the given word will appear in *italic* form between the two symbols of the forward-slash.

Example: /*bra-ziw*/

Where the syllable is to be stressed (i.e. a syllable requiring greater emphasis, as may be exhibited by a longer, stronger or louder pronunciation), this will appear underlined. Example: /<u>ko</u> moo/, like in "Como?", or /ka-<u>fE</u>/, like in "café", or /<u>bOk</u>-see/, like in "box". If pertinent, grammatical explanations will be provided as part of the content under the name "Grammar" (for more information on stressed syllables, consult "Stress" in the "Glossary of terms" section);

Whenever the pronunciation shows the *phoneme* or sound /E/ with a capital letter, it represents an open vowel (e.g. "é"). Example: "café" pronounced like /ka-fE/;

Similarly, where the pronunciation shows the phoneme or sound /O/ with a capital letter, it represents an open vowel (e.g. "ó"). Example: "box" pronounced like /bOk-xee/.

Two official accents are used in educational scenarios: the "Fluminense", from the State of Rio de Janeiro, and the "Paulista", from the city, Sao Paulo. In Brazilian Portuguese dictionaries and educational books these accents are commonly adopted. This book incorporates the Fluminense accent.

## Pronunciation – Review / *Pronúncia - Revisão*

GRAMÁTICA:

Pronunciation greatly influences your understanding of a language. If you do not pronounce words correctly, others will find it difficult to understand you. You might have observed this in your own language too. For example, when a foreigner does not pronounce words in the same way that you do, or when a singer from your country pronounces some words too quickly, or does not pronounce some letters or even a syllable, you may find it difficult to understand. Well, it is no different when you try to speak Portuguese and that is why it is important to spend some time listening and practicing your pronunciation, at every opportunity.

In the first book, Brazilian Portuguese – Beginner 1, you learnt the functions of *accute* (´) and *circumflex* (^) accents and the tilde (~). Whilst the acute accent (´) opens the vowel, the circumflex (^) closes it and the vowel that carries the graphic signal *tilde* (~) becomes nasal.

You might remember that the *pronunciations* provided in our range of Brazilian Portuguese books appear between *forward slashes* /   /, in *italic* and the stressed syllables (where you should stay longer) are *highlighted*.

The *acute accent* can occur in any of the 5 Portuguese vowels of a, e, i, o and, u. These vowels will look like **á, é, í, ó** and **ú** and become known as open, which means they are emphasised and pronounced differently to the same vowel without an accent.

The *circumflex accent* only occurs on top of an a, e or o. These vowels will look like **â, ê,** and **ô** and become closed. There is a distinct difference between open and closed sounds, which changes the word and its meaning. You will need to listen carefully for these differences.

The *tilde* only occurs on top of the two vowels a and o. The tilde will look like **ã** and **õ**. The tilde is pronounced with a nasal sound, which may be quite distinctive and different for many native English speakers.

## Chapter 2 - Pronunciation notes and tags for this book

## Observe the examples and hints

 **DICA:**

**vovó -**     Note that vovó (i.e. grandma) has an acute accent. This changes the pronounciation to an open sound. You will need to open your mouth to pronounce the syllable "**vó**" as an "open" sound.
*Pronunciation*: /vo<u>vO</u>/

**vovô -**     Note that vovô (i.e. Grandpa) has a circumflex accent. This changes the pronounciation to a closed sound. You will need to close your mouth a little to pronounce the syllable "**vô**" as a closed sound.
*Pronunciation*: /vo<u>vo</u>/

**não -**     When you pronounce a nasal vowel, you will notice that some air flow comes out of your nostrils while pronouncing it.
*Pronunciation*: /nawn/

### EXERCISE 1 / Exercício 1

**Tongue-twister / *Travalíngua***

 **OUÇA: Track Number 1**

 **PRÁTICA ORAL:**

Now, practice your pronounciation by listening to the following tongue-twisters and then repeating each. (Find the order in which they appear)

**Practicing "g" sound: ("g" in front of "a", "o", "u" is a hard sound and sounds like /ga/, /gow/, /goo/**

1. Agagá, agagá, a galinha quer botar.
   Ijejê, ijejê, fui parar no Tietê.
   Alô, alô, alô, o galo já cantou.

**Practicing "c" and "s" sounds. If the "s" is not positioned between vowels, it sounds like the English "s". Note that a "c" in front of an "e" or "i" also sounds like the English "s" as in "cents" or "cigar"**

2. A vida é uma sucessiva sucessão de sucessões
   que se sucedem sucessivamente
   sem suceder o sucesso

3. O sabiá não sabia
   que o sábio sabia
   que o sabiá não sabia assobiar.

4. O doce perguntou pro doce
   Qual é o doce mais doce
   Que o doce de batata-doce
   O doce respondeu pro doce
   Que o doce mais doce que
   O doce de batata-doce
   É o doce de doce de batata-doce.

5. Essa pessoa assobia
   enquanto amassa e assa
   a massa da paçoca de amendoim.

**Practicing soft "r" sound:**

6. Amarelo, amarelo, fui parar no cemitério

**Practicing "p" sound:**

7. O peito do pé de Pedro é preto.
   Quem disser[1] que o peito do pé de Pedro é preto
   tem o peito do pé mais preto do que
   o peito do pé de Pedro.

**Practicing strong "r" strong sound: When you find an "r" at the beginning of a word it will always sound hard like the English "h"**

8. Roxo, roxo, roxo,
   fui parar dentro do cocho

9. O rato roeu a roupa
   do rei de Roma.
   Rainha raivosa rasgou o resto

10. E a Rosa Rita Ramalho
    do rato a roer se ria!

**Practicing "t" sound: It is commonly pronounced as /ch/ when in front of "i" like in "tigre", "Tiago"**

11. O tempo perguntou pro tempo
    quanto tempo o tempo tem.

---

[1] When "**d**" precedes "i", the "di" is usually pronounced as /*gee*/ as in "disse" /*gee-si*/, "dia" /*gee-ya*/, "diamante" /*gee-ya-mann-chee*/

O tempo respondeu pro tempo
que o tempo tem tanto tempo
quanto tempo o tempo tem.

12. Três tigres tristes
para três pratos de trigo.
Três pratos de trigo
para três tigres tristes.

### Exercise 2 / Exercício 2

**Syllable Stress** / *Sílaba tônica*

 PRÁTICA ORAL:

Read the following words, aloud, according to the approximated pronunciation provided in the forward slashes. Remember that the stressed syllable is the strongest part of the word. Therefore, you should "stay longer" in the stressed part of each word.

| CAFÉ | PÃO | CUÍCA |
|---|---|---|
| /ka-<u>fE</u>/ | /pawn/ | /koo-<u>ee</u>-ka/ |
| AVÓ | AVÔ | BRASIL |
| /a-<u>vO</u>/ | /a-<u>vow</u>/ | /bra-<u>ziw</u>/ |
| AI | AÍ | MARIA |
| /<u>ay</u>/ | /a-<u>ee</u>/ | /ma-<u>ree</u>-ya/ |
| EU | MEU | SEU |
| /eow/ | /meow/ | /se-oow/ |
| MINHA | SOBRINHA | SOMBRINHA |
| /<u>meing</u>-ya/ | /soo-<u>breing</u>-ya/ | /song-<u>breing</u>-ya/ |
| AUSTRÁLIA | BAHIA | DIA |
| /awsh-<u>tra</u>-lya/ | /buy-<u>ee</u>-ya/ | /<u>gee</u>-ya/ |
| CAVALO | CACHORRO | GALINHA |
| /ka-<u>va</u>-loo/ | /ka-<u>sho</u>-hoo/ | /ga-<u>lyn</u>-ya/ |
| CARIOCA | CARINHOSO | AFETO |
| /ka-ri-<u>O</u>-ka/ | /ka-ring-<u>yow</u>-zoo/ | /a-<u>fE</u>-too/ |

### Exercise 3 / Exercício 3

**Recognizing stressed syllables and practicing pronunciation** / *Reconhecendo sílabas tônicas e praticando pronúncia*

**OUÇA: Track Number 2**

Listen to the words and underline the stressed syllable. The first word is done for you.

| DIAMANTE | OURO | ESMERALDA |
| /gee-ya-<u>man</u>-chee/ | /ow-roo/ | /ish-me-raw-da/ |
| MINERAL | METAL | ÁCIDO |
| /mi-ne-raw/ | /me-taw/ | /a-see-doo/ |
| CASADA | CANSADA | CANSADÍSSIMA |
| /ka-za-da/ | /kan-sa-da/ | /kan-sa-gee-see-ma/ |
| SUCESSO | CÉU | CORONEL |
| /soo-sE-soo/ | /sEow/ | /ko-ro-nEow/ |
| AFRODISÍACO | ROMANCE | AVALANCHE |
| /a-frow-gee-zee-ya-koo/ | /ho-mann-see/ | /a-va-lann-she/ |

### EXERCISE 4 / Exercício 4

The appropriate word / *A palavra certa*

**ESCREVA:**

Choose the appropriate word from the box to complete the subsequent sentences.

| sucesso | esmeralda | afrodisíaca | aposentado |
| diamante | carinhosa | precioso | sombrinha |
| cachorro | cachorra | médico | preciosa |
| ouro | pedra | sobrinha | lindo |

a. O _____ é um metal _____.
b. O _____ depende do *empenho* (*commitment*) de cada pessoa.
c. A ostra é _____.
d. A _____ é uma pedra _____.
e. Débora tem (*has*) um _____ anel de _____.
f. Minha _____ é muito _____.
g. Quando *chove* (*rain*) usamos _____.
h. Nós temos um _____ chamado Rex e uma _____ chamada Preciosa.
i. Marcos é _____, mas não trabalha mais porque está _____.

# O folclore brasileiro: A lenda do Saci-Pererê

 **LEIA:**

As lendas fazem parte do folclore de muitos países e representam sua cultura. No Brasil, há muitas lendas. O Saci é uma lenda do folclore brasileiro.

O Saci, também conhecido como saci-pererê, é um personagem lendário. É um menino negro que possui apenas uma perna, usa um gorro vermelho e fuma cachimbo. O Saci não tem residência fixa: ele mora nas florestas, nas casas das pessoas, nas praças... em todos os lugares!

O Saci é muito brincalhão e levado. Ele adora implicar com as pessoas e os animais. Ele sempre apronta travessuras como esconder objetos, assustar as pessoas, fazer a comida queimar, dar nó no rabo dos animais... Mas ele não faz isso por mal, é só para se divertir!

Segundo a lenda, o Saci é um profundo conhecedor das ervas das matas brasileiras. Mas é preciso pedir autorização ao Saci para pegar suas ervas. E evitar, dessa forma, ser vítima de suas travessuras.

Dizem que o Saci está nos redemoinhos de vento e é lá onde se pode capturar o moleque. Para isso, é necessário jogar uma peneira em cima do Saci. E para torná-lo menos arredio, deve-se retirar (*to remove*) o capuz de sua cabeça e prendê-lo (*trap him*) em uma garrafa. Porém, esta é uma tarefa árdua pois o Saci é bastante esperto e não se deixa capturar tão facilmente!

## Exercise 5 / Exercício 5

**Compreension of Text / *Compreensão de texto***

 **ESCREVA:**

Complete this exercise with another person / fellow student. Read the text once again and then answer the following questions – you can copy the answers directly from the text to practice. Please provide full answers.

Brazilian Portuguese - Beginner 2

a. O Saci é um personagem fictício (não real/baseado na ficção). Onde aparece tal informação no texto?
R:

b. Como você pode descrever (fisicamente) o Saci?
R:

c. Quais são (*what are*) as principais características do Saci?
R:

d. O 3º parágrafo diz que "o Saci pode causar <u>transtornos</u>". Que outra palavra podemos usar para substituir "transtornos"?
R:

e. No 4º parágrafo, que palavra se refere à "*according to*"?
R:

f. Segundo a lenda, onde está (fica/se encontra) o Saci?
R:

g. O Saci mora ...
R: ( ) na floresta ( ) no campo ( ) na cidade ( ) em todos os lugares, pois o mundo é a sua casa

h. Quantos anos vivem os sacis? HOW MANY YEARS does he live?
R: A informação não está no.

i. Por quê os Sacis vivem (live) tanto tempo?
R:

j. O que acontece quando os Sacis morrem?
R:

k. No texto, que palavra substitui "o Saci"?
( ) os humanos    (✓) a criatura    ( ) os animais

l. Um redemoinho de vento são ...
(✓) ventos em espiral    ( ) terremotos    ( ) chuvas fortes
( ) uma brisa muito suave

m. O Saci usa um gorro vermelho tal como o que as pessoas costumam usar no inverno. Que palavra no texto substitui a palavra "gorro"?
( ) perna    ( ) garrafa    ( ) capuz    ( ) peneira

n. O Saci adora <u>implicar com</u> os humanos e os animais. "Implicar" significa...
(~~ ~~) divertir / fazer rir    (~~ ~~) agradar    (✓) caçoar / provocar
                                                        mock    PROVOKE

\* VERBS

### Exercise 6 / Exercício 6

**Talk to your classmates (in group) / Fale com seus colegas de turma (em grupo)**

FALE:

1. O que você entende por "lenda"?
2. Há (têm) muitas lendas no folclore do seu país? Que lendas você conhece?
3. Você conhece algum personagem lendário "implicante" como o Saci?
4. Que lendas você conhece de outras culturas?
5. Como são os personagens lendários que você conhece?
6. Pergunte ao seu professor ou sua professora que personagens do folclore brasileiro ele/ela conhece.
7. Compare esses personages com os das lendas do seu país. Em que diferem?

---

INVERNO = WINTER
GORRO = HOODY/BEANIE
  or
CAPUS.

agradar = Please.

# Chapter 3

# Writing Style Guide / ESCRITA: GUIA DE ESTILO

 **GRAMÁTICA:**

One way to improve the writting style in Portuguese is by changing "adjective sentences" into "adjectives". Observe the following sentence:

"O Saci cria situações **que causam problemas**" (*"The Saci creates situations that cause problems"*).

"que causam problemas" is an adjective sentence and it refers to the word "situações" which is a noun. This adjective sentence gives "quality" to the noun "situations". Ask yourself "What kind of situations can Saci cause?", or just "What kind of situations?" The answer is "**that cause problems**" / "the ones /those ones that/which cause problems". This adjective sentence is too long and you can shorten this by replacing it with an adjective. So, instead of saying "O Saci cria situações **que causam problemas**", you can simplify it by saying "O saci cria situações **problemáticas**" (*problematic*).

"O Saci cria situações **que causam problemas**"
       (adjective sentence)

"O Saci cria situações **problemáticas**"
       (adjective)

Remember that in Portuguese the noun comes first and the adjective follows it as opposed to English. Also, as the noun "situações" is feminine in gender and appears here in plural form, then the adjective that follows it *must* agree in gender (feminine) and number (plural), e.g. "situações problemáticas".

## Exercise 7 / Exercício 7

**Working with adjectives/ *Trabalhando com adjetivos***

**ESCREVA:**

You will need to complete this exercise by replacing the underlined sentences (a-j) with some of the adjectives below (in bold). Use the ensuing example as a guide.

**Observe the example:**

P: O Saci cria situações **que causam problemas**.
R: O Saci cria situações **problemáticas**.

problemáticas    inexplicável    incomparável
compreensível    incompreensível    fictício
toleráveis    inesquecíveis    incontrolável
compreensiva    implicante    intolerável

a. Trata-se de (*It is*) uma situação **que não se pode controlar**.
R:

b. O Saci é um personagem **que se baseia na ficção**.
R:

c. É um comportamento **que se pode compreender**.
R:

d. É uma atitude **que não se pode explicar**.
R:

e. São travessuras **que se podem tolerar**.
R:

f. Ela diz que é uma dor **que não se pode tolerar**.
R:

g. No Brasil há lendas **que não se podem esquecer**.
R:

h. É um caso **que não se pode comparar**.
R:

i. Ela é uma menina **que adora implicar**.
R:

j. Ele é uma pessoa **que compreende** a nossa situação.
R:

# Exercise 8 / Exercício 8

**Crosswords / *Palavras cruzadas***

**ESCREVA:**

Complete the following crossword with the words below. Observe the example in bold.

| 5 letters | 6 letters | 7 letters | 10 letters | 11 letters |
|---|---|---|---|---|
| ~~Lenda~~ | ficção | ~~Moleque~~ | Transtorno | travessuras |
| | | | ~~Personagem~~ | inseparável |
| | | | brincalhão | |
| | | | redemoinho | |
| | | | Invencível | |

**12 letters**
inesquecível
incomparável

**14 letters**
**incompreensível**

# Chapter 4

# Verbs 'Conhecer' and 'Saber'

## The regular Verb "Conhecer"

 **GRAMÁTICA:**

The verb "conhecer" is used to express acquaintance, to show that you know a place, an object or a person. In Portuguese, we also use the verb conhecer as "to meet someone".

| Exemplos: | English translation: |
|---|---|
| Você conhece a Fabiana? | Do you know Fabiana? |
| Você conhece o Brasil? | Do you know Brazil? |
| Não conheço essa rua. | I don't know this street |
| Conhecemos muito bem esse colégio. | We know this college really well |
| Prazer em conhecê-lo / la! | Nice to meet you! |
| Muita gente não conhece a neve. | A lot of people don't know snow |

| Expressions with <u>conhecer</u>: | English meaning (not a literal translation): |
|---|---|
| Quem não te conhece que te compre | You won't make a fool out of me because I know you really well |
| Conhece-se a árvore pelos frutos | You know someone by his / her actions |
| Conhecer (algo / alguém) como a palma da mão | To know something / someone like the palm of your hand |
| Você precisa conhecer! | You need to know it! |

# The Irregular Verb "Saber"

**GRAMÁTICA:**

The verb "saber" is used to express knowledge of a fact or thing.

| Exemplos: | English translation: |
|---|---|
| Você sabe onde está Murilo? | Do you know where Murilo is? |
| Você sabe onde está o Maracanã? | Do you know where Maracanã[2] is? |
| Não sei. | I don't know |
| Você sabe trabalhar com Excel™? | Can you work with Excel™? |
| Meu pai já sabe usar o Word™ | My father can use Word™ |

| Expressions with saber: | English translation: |
|---|---|
| Sei lá | I don't know / How should I know? |
| Nunca se sabe | You never know |
| Quem sabe? | Who knows? |
| Eu que vou saber? | How am I supposed to know? |

## EXERCISE 9 / Exercício 9

"conhecer" or "saber"? / "conhecer" ou "saber"?

| | REGULAR VERB<br>CONHECER<br>(to know / be acquainted) | IRREGULAR VERB<br>SABER<br>(to know / be aware) |
|---|---|---|
| Eu | conheço | sei |
| Você / O senhor / A senhora / Ele / Ela / A gente | conhece | sabe |
| Nós | conhecemos | sabemos |

---

[2] Maracanã is the biggest stadium in Brazil, Rio de Janeiro

Chapter 4 - Verbs 'Conhecer' and 'Saber'

Vocês  
Os senhores  
As senhoras  
Eles / Elas  
} **conhecem**   **sabem**

### ESCREVA:

Choose between "**conhecer**" (to know, to be acquainted) and "**saber**" (to know about, to be aware). Circle the correct answer.

a. Você (conhece / sabe) bem a sua cidade?
b. Ainda não (conhecemos / sabemos) o resultado da prova. SABEM
c. Você (conhece / sabe) que dia é hoje?
d. Ele (conhece / sabe) cozinhar?
e. Que tipo de comida ele (conhece / sabe) fazer?
f. Ele (conhece / sabe) o nome de muitas constelações.
g. Ele (conhece / sabe) muitas constelações.
h. Vocês (conhecem / sabem) um bom encanador (*plumber*)?
i. Vocês (conhecem / sabem) de um bom encanador (*plumber*)?
j. Aposto que você não (conhece / sabe) nem mesmo o dia do meu aniversário!
k. Você (conhece / sabe) falar outra língua além do inglês?
l. Você já (conhece / sabe) o Brasil?
m. Vocês (conhecem / sabem) que o Brasil é maior do que a Austrália?
n. Você (conhece / sabe) alguma lenda?
o. Você já (conhece / sabe) como capturar / prender um saci?

## Exercise 10 / Exercício 10

*Música*
**(Song NOT included)**

This is an extra exercise for you to complete the missing words. The song "Talismã" was written by Brazilian composer Michael Sulivan, and has been recorded by several artists. One of the slowest versions that students of Portuguese usually understand better is perhaps the one recorded by Monique Kessous and Fagner. You can find it on cds or by searching online versions.

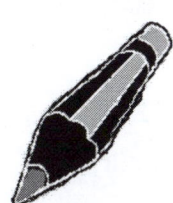

### ESCREVA:

Brazilian Portuguese - Beginner 2

## TALISMÃ
**(Michael Sulivan)**

_____, quanto tempo não te vejo.

Cada vez você distante, mais eu _____ \_\_\_ você.

Por \_\_\_\_\_?

Sabe, eu pensei que fosse fácil

_____ seu jeito frágil

De se dar sem _____

_____ você

Só você que me ilumina, meu _____ talismã

Como é doce _____ rotina de te amar toda manhã

Nos momentos mais difíceis você \_\_\_\_ o meu divã

_____ amor não tem segredo, sabe _____ de nós dois

E joga fora os _____ medos

Vai saudade \_\_\_\_\_ pra ela, diz pra ela aparecer

Vai saudade vê se troca

A _____ solidão por ela pra valer o meu viver.

## Review of Verb 'to be' / *Revisão dos verbos 'ser' e 'estar'*

 **GRAMÁTICA:**

You may recall from Brazilian Portuguese: Beginner 1 that in Portuguese, there are two verbs to express the one English verb "to be". They are "**ser**" and "**estar**". As native English-speakers (generally) have difficulty in understanding how each of these verbs are used, it was worth spending some time now to revise these verbs.

It is important to remember that the verbs **ser** and **estar** are used to express some of the following situations:

| description | location | profession |
| state of being | changeable situation or condition | nationality |

hungry                                    Inglais.

Chapter 4 - Verbs 'Conhecer' and 'Saber'

In summary:
You may recall from Brazilian Portuguese: Beginner 1, the verb **ser** is used for:

> descrição (description)
> nacionalidade (nationality)
> profissão (profession)

Whereas the verb **estar** is used for:

> estados de ânimo (states of being)
> localização (location)
> situações não-permanentes / condição (changeable situation / condition).

### EXERCISE 11 / Exercício 11

Applying the Verbs *Ser* + *Estar* (Present Tense) / *Usando os verbos Ser + Estar (Presente do Indicativo)*

ESCREVA:

Review each of the following ten statements and pay particular attention to the use of the (conjugated forms of the) verbs ser and estar. Then, select whether the use of ser / estar is due to it referring to a (i) description, (ii) nationality, (iii) profession, (iv) state of being, (v) location or (vi) changeable situation, as detailed above. Write your response in the brackets provided. To assist, an example has been provided.

Exemplo: O seu João **é** um excelente pedreiro. (**profissão**)

1. Minha prima Carla **é** cardiologista. ( profissão ) — Profession
2. O Maracanã **é** um dos maiores estádios de futebol do mundo. ( description / location )
3. "Sansão e Dalila" **é** um filme adaptado da história bíblica. ( changeable situation description )
4. A força de Sansão **está** em seus cabelos. ( state of being location )
5. O capuchino **é** uma bebida feita com café, leite e chocolate. ( location description )
6. Roberto **é** um homem tranquilo, porém hoje **está** nervoso com tanto trabalho. ( description / condition ) STATE OF BEING
7. Gabriel sisma (strongly affirms) que **está** doente e não quer ir trabalhar. De doente ele não tem nada. Ele **está** ficando preguiçoso demais. ( situation / condition ) despite → LAZY
8. Este ainda **é** um bom carro apesar de **estar** ficando velho. ( situation/cond ) description
9. É melhor botar um casaco antes de sair. Você ainda **está** gripado. ( profession ) STATE OF BEING. sick
10. Fazer caminhadas **é** uma boa forma de cuidar da saúde e, principalmente, do coração. ( state of being ) DESCRIPTION JOG.
11. Meu avô **é** italiano. ( nationality )

23

Brazilian Portuguese - Beginner 2

## Exercise 12 / Exercício 12

**Making sentences with both** *ser* **and** *estar* / **Elaborando frases com ambos os verbos ser e estar**

**ESCREVA:**

Work through the following exercise, re-writing the statements given and using the correct conjugated form of ser or estar.

**Observe** the use of the verbs ser and estar in the example below and follow the model.

**Modelo**:

A mesa é rústica.
[estar limpa]
A mesa é rústica e está limpa.

A MESA É R

1. A mesa é nova.
   [estar bagunçada]

A MESA É NOVE E ESTAR BAGUNCADA

2. A porta é comprida.
   [estar fechada]

A PORTA É COMPRIDA
E ESTAR COMPRIDA

CLOTHES.

3. A porta é (larga).
   [estar aberta]

A PORTA É LARGA
E ESTAR ABERTA.

4. O suco é de goiaba.
   [estar gelado]

O SUCO E DE
goiaba E ESTAR
GELADO.

5. O café é brasileiro.
   [estar quente]

O CAFE E BRASILEIRO
E ESTAR QUENTE

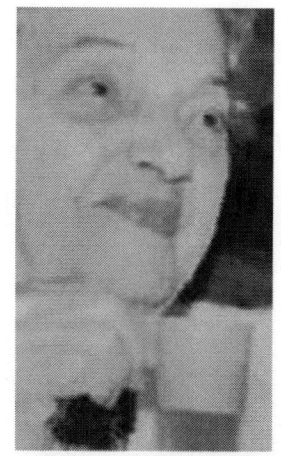

6. Essa rua é muito tranquila.
   [estar vazia] = EMPTY

ESSA RUA E MUITO
TRANQUILA E
ESTAR VAZIAL

7. O estádio do Maracanã é
   enorme.
   [estar cheio]

O ESTADIO DO MARACANA
E ENORME E ESTAR
CHEIO.

8. Bete é nossa funcionária.
   [estar de férias, no momento]

BETE E NOS

9. Priscila é a advogada da companhia.
   [estar de licença] (*on-leave*)

10. Giovana é nossa colega de trabalho.
    [de licença-maternidade]

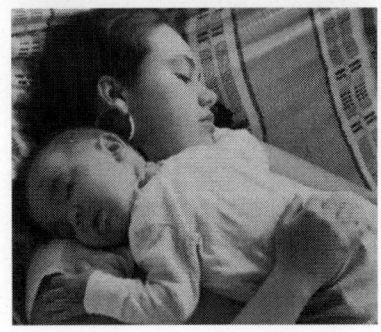

## Chapter 5

# The Demonstrative Pronouns / OS PRONOMES DEMONSTRATIVOS

*In English*: this, these, that, those

*Em Portuguese*: este(s), esta(s), esse(s), essa(s), aquele(s), aquela(s); isto, isso, aquilo

 **GRAMÁTICA:**

The demonstrative pronoun indicates if the referred object or person is close to the person who is speaking.

**Observe:**

1. <u>Este</u> menino está brincando.

2. <u>Esse</u> menino está brincando.

3. **Aquele** menino está brincando.

**Observe** that the demonstrative pronoun must agree in gender (**masculine** or **feminine**) and number (**singular** or **plural**) with the object or person it refers to.

For instance,

**Exemplo:** esta menina / estas meninas

## EXERCISE 13 / Exercício 13

Choosing the appropriate demonstrativo pronouns / *Escolha o pronome demonstrative apropriado*

**ESCREVA:**

Choose the appropriate form: **este, estes, esta, estas**

a. ESTA livro
b. ESTAS livros
c. estas canetas — PEN
d. esta viagem — TRAVEL
e. esta lugar
f. estas leis — LAW
g. estes animais
h. este colega — m/f colleague

Choose the appropriate form: **esse, esses, essa, essas**

a. essa insetos
b. _____ político — political m/f
c. esse cidade — TOWN
d. essa relatório
e. _____ dentista
f. esses lápis
g. _____ redação
h. essas crianças — children

Choose the appropriate form: **aquele, aqueles, aquela, aquelas**

a. aquele álbum de fotografias
b. aquela camisa

Chapter 5 - The Demonstrative Pronouns

    c. _____ calças
    d. _____ estudantes
    e. _____ alunos
    f. _____ jogo de xadrez
    g. _____ sapatos
    h. _____ pianista

## The use of demonstrative pronouns / *O uso dos pronomes demonstrativos*

**GRAMÁTICA:**

este(s) / esta(s) - the object indicated is close to the person speaking;

esse(s) / essa(s) - the object indicated is close to the listener;

aquele(s) / aquela(s) - the object indicated is far from the speaker and the listener.

Note: Nowadays, Brazilian people tend to replace "este (s)", "esta (s)" with "esse (s)", "essa (s)" when talking.

**EXERCISE 14 / *Exercício 14***

**Complete the sentences with demonstrative pronouns** / *Complete as frases com os pronomes demonstrativos*

**ESCREVA:**

Complete the sentences with the appropriate demonstrative pronoun.

    a. _____ loja é muito cara. _____ é mais barata. (*This shop is very expensive. That one is cheaper*)
    b. _____ flores estão murchas. Vamos comprar _____. (*These flowers are wilted. Let's buy those ones*)
    c. _____ quadros vendidos nas feiras são uma imitação enquanto que _____ lá dos museus são autênticos. (*These paintings selling in the markets are imitations whilst those ones, up there in the museums, are originals*)
    d. Você prefere _____ sofá ou _____? (*Do you prefer this sofa or that one?*)
    e. _____ vinho de ontem era de ótima qualidade. Já _____ de hoje está intragável. (*That wine of yesterday was really good. But this of today cannot be downed - 'litteral translation'*)

31

f. _____ bolsas de compras aqui são minhas. _____ ali são suas. (*These shopping bags here are mine. Those ones are yours*)

## Observe:

1. **Isto** é uma estrela do mar.

2. **Isso** é uma estrela do mar.

3. **Aquilo** é uma estrela do mar.

**Note:** The demonstrative pronouns **isto** (= esta coisa), **isso** (= essa coisa) and **aquilo** (= aquela coisa) are <u>*invariable*</u>. This means that there are NOT any plural forms of it.

| DEMONSTRATIVE PRONOUNS ||
| :---: | :---: |
| Variable | Invariable |
| este(s), esta(s) | isto (= *this thing / these things*) |
| esse(s), essa(s) | isso (= *this thing / these things*) |
| aquele(s), aquela(s) | aquilo (= *that thing / those things*) |

## Examples with isto/isso/aquilo:

"Isto me agrada"
"Isso é barato"
"Isso é feio"
"Isso são balas de coco" — coconut.
"Isso de ter que trabalhar no domingo é uma coisa chata"

Chapter 5 - The Demonstrative Pronouns

"Isso deve ser obra de um grande artista"
"Aquilo não foi obra do acaso"
"Aquilo que ele disse me chamou a atenção"
"Isso, sim, que é um carrão!"

**Idiomatic Expressions / Expressões Idiomáticas**

"E eu com isso?"
"Não sei o que, não sei o que lá"
"Não tô nem aí"

TESOURA = SCISSOR.

### Exercise 15 / Exercício 15

What is this…? / O que é isto…?

ESCREVA: O que é isso?

Ask your classmate: **What is this (here / there / over there)?**

*O que é isto (aqui) / O que é isso (aí)? / O que é aquilo (ali / lá)?*

> **AQUI = HERE**
> **AÍ = THERE / "IN THIS PLACE"**
> ("Estarei aí em 5 minutos" / "I'll be there in 5 minutes")
> **LÁ = THERE**
> **ALI = OVER THERE** (near the person you are talking to)

P: O que é isso?
R: É um cachorro.

it's a dog

P: O que é aquilo lá?
R:

THAT OVER THERE IS A FAMILY
Aquilo lá é uma família

P: O que é isto aqui?
R:

*THEY ARE SCISSORS*

~~Aquila~~ lá é uma tesoura

ISSO

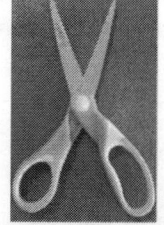

P: O que é aquilo ali?
R:

*THAT IS A TELEPHONE*

~~Aquite~~ lá é um telefone

ISSO

### GRAMÁTICA:

**NOTA**: Although you can find the words "~~este~~", "~~esta~~" and their plural forms in writing, Brazilians hardly use them when talking. You learn them as prescribed by the grammar. You are aware now about their existence, and so too that in practice Brazilians prefer to use the following combination:

"**esse**", "**esses**", "**essa**", "**essas**" that can be combined with "**aqui**", "**aí**"

AND

"**aquele**", "**aqueles**", "**aquela**", "**aquelas**" that can be combined with "**ali**", "**lá**"

### Exercise 16 / Exercício 16

**Homework** / *Dever de casa*

**ESCREVA:**

Aqui = on you
aí = same room
lá = round corner
ali = fucking far

# ESSA — ESSAS / AQUELA — AQUELAS

## Chapter 5 - The Demonstrative Pronouns

Please read the grammar point above prior to proceeding with this exercise. You are going to practice the use of **"esse", "esses", "essa", "essas"** combined with **"aqui", "aí"** and also **"aquele", "aqueles", "aquela", "aquelas"** combined with **"lá", "ali"**. Follow the model below.

Modelo:   THIS HOUSE THERE IS (FOR SALE — a venda)

**(menino / é levado)**

**Esse** menino **aqui** é levado   (OR)   **Esse** menino **aí** é levado.

**Aquele** menino **ali** é levado   (OR)   **Aquele** menino **lá** é levado.

1. (casa / está à venda)
   ~~Essa casa~~ aqui está à venda.

2. (edifício / está em construção) — Building
   aquele aquilo (Aquilo) edifício

3. (meninas / têm mesma idade) → age
   Aquelas / Essas meninas

4. (flores / estão murchando) → withering
   Esses aquelas / esses

5. (cadernos de matemática / são meus) — Notebook
   Esses / qui

6. (rua / é a mais movimentada da cidade) → TOWN
   Aquele essa / esse

7. (lugar / é tranquilo e aconchegante) — cozy — place
   AQUILO / AQILO

8. (notícias / são sempre alarmantes)
   Aquelas / aquelas

9. (ator / é muito talentoso) → talent — Actor
   Esse ~~AQUELA~~ Aí Ator é muito talentoso.   ← google

Lugar significado

**Música**
**O Leãozinho**
(Caetano Veloso)

**(Song NOT included)**

The song "O Leãozinho" was written by Brazilian singer and composer Caetano Veloso. You can find it on cds or by searching online versions.

## EXERCISE 17 / Exercício 17

**This is an extra exercise for you to complete the missing words / Este é um exercício extra para você completar as palavras que faltam**

**ESCREVA:**

## O Leãozinho

<u>Gosto</u> muito de te ver, leãozinho
Caminhando sob o sol
Gosto muito <u>de</u> você, leãozinho

Para desentristecer leãozinho
O meu coração <u>tocar</u> só    tão
Basta eu <u>encontrar</u> você no caminho

Um filhote de leão, raio da manhã
Arrastando o meu <u>olhar</u> como um ímã   olhar
O meu coração é o sol, pai de toda cor
Quando ele lhe doura a <u>pele</u> ao léu  1.06

Gosto de te <u>ver</u> ao sol, leãozinho   vera
De te ver <u>entrar</u> no mar
Tua pele, tua luz, tua juba

Gosto de <u>ficar</u> ao sol, leãozinho   ficar = stay
De molhar minha juba
De <u>estar</u> perto de você e 'entrar numa'.


JUBA = mane

cabelo =

## Chapter 6

## Use of Verbs: Gostar (de), Preferir

**GRAMÁTICA:**

*"Gostar (de)"* to express likes / dislikes

*"Preferir"* to show preference

Add *"Porque"* to explain preferences or comparisons

| REGULAR VERB: GOSTAR (to like – "*gostar de*") | | IRREGULAR VERB: PREFERIR (to prefer – 1st person of singular changes "-e" into ""-i") | |
|---|---|---|---|
| *Eu* | gosto | *Eu* | prefiro |
| *Você* / *O senhor* / *A senhora* / *Ele / Ela* / *A gente* | gosta | *Você* / *O senhor* / *A senhora* / *Ele / Ela* / *A gente* | prefere |
| *Nós* | gostamos | *Nós* | preferimos |
| *Vocês* / *Os senhores* / *As senhoras* / *Eles / Elas* | gostam | *Vocês* / *Os senhores* / *As senhoras* / *Eles / Elas* | preferem |

**NOTA:** the verb "preferir" changes to "–i" in the 1st person of singular and plural [eu (I) / nós (we)].

    **Examples:** Eu prefiro / Nós preferimos.

**Making comparisons to express preferences and choice reasons**

# Brazilian Portuguese - Beginner 2

**EXEMPLOS:**

- O que você prefere churrasco ou feijoada?
- *Eu prefiro churrasco.*
- Você gosta de inverno?
- *Eu gosto, mas eu prefiro o verão.*
- Por que? *(Why?)*
- *Porque ... (Because...)*

- Você gosta dessa[3] casa? ('gostar de' / "de + essa = dessa")
- *Não, eu prefiro aquela.*
- Por que?
- *Porque é mais moderna.*

## Exercise 18 / Exercício 18

**Your preferences / *As suas preferências***

 **FALE:**

Talk to your classmates about your preferences. Follow the suggestions below.

- **Você gosta de ... ?**
- *Não, prefiro ...*
- **Por que?**
- *Porque ...*

| viajar a trabalho | viajar nas férias | divertido |
| --- | --- | --- |
| ir de carro para o trabalho | ir de ônibus | mais barato |
| este vendedor | aquele | mais simpático |
| comida italiana | comida japonesa | é mais leve |
| pilates | ioga | uma atividade mais tranquila |
| acordar tarde | acordar cedo | gosto de aproveitar bem o dia |
| esse biquíni | aquele | não é tão pequeno |

## Exercise 19 / Exercício 19

**Homework / *Dever de casa***

  **CONVERSE / ESCREVA:**

---

3 "de + essa = dessa". The verb "gostar" requires the preposition "de". In "gostar + de + essa", there is a contraction where "de + essa" becomes "dessa".

# Chapter 6 - Use of Verbs: Gostar (de), Preferir

Ask a Brazilian friend, or your Brazilian partner, what s/he prefers from the list below. Provide him/her with two choices: e.g. "praia/piscina". Use the questions below as your guide. Then write down his/her answers to present them to your fellow students, or hand them to your teacher. As answers can vary this homework is not included in the Answers.

- Você prefere <u>praia</u> ou <u>piscina</u>?
- Prefiro ...
- Por que?
- Porque ...

1. praia / piscina
2. viajar nas férias / ficar em casa nas férias
3. conhecer a Europa / conhecer a Ásia
4. esquiar / velejar (sail)
5. a moda atual / a moda dos anos 80
6. passar o Ano Novo com a família / passar o Ano Novo com os amigos
7. escola pública / escola particular
8. vinho / cerveja
9. fogão a gás / fogão elétrico
10. passar o Ano Novo com a família / passar o Ano Novo com os amigos
11. cinema / teatro
12. estradas com vegetação / estradas com neve

## The Relative Pronouns / *O Pronome Relativo*

**In English:** "THAT", "WHO", "WHOM"

**Em Portuguese:** "QUE"

**GRAMÁTICA:**

The relative pronoun "que" can link sentences. Observe the following examples.

**Exemplo:** *Esse rapaz é de Recife. Canta no bar.*
(This guy is from Recife. He sings in the bar)

*Esse rapaz **que** canta no bar, é de Recife.*
(This guy **that** / **who** sings in the bar is from Recife)

### Exercise 20 / Exercício 20

**Elaborating sentences with "that" / *Elaborando frases com "que"***

**ESCREVA:**

Follow the above model to rebuild the ensuing sentences. You need to add the relative pronoun *que* to join the sentences.

**Example:**

Essa senhora é minha professora. Está de vestido branco.
Essa senhora **que** está de vestido branco, é minha professora.

1. Esses turistas são australianos. Estão com Sérgio.
   ESSES TURISTAS QUE ESTÃO SÃO AUSTRALIANOS,

2. Aquele senhor é meu professor. Ele está no jardim.
   _____

3. Esses quadros são de Anita Malfati. Estão pendurados.
   PICTURES
   _____

4. Esses quadros são de Romero Britto. Custam uma fortuna.
   _____

5. Aqueles meninos são meus sobrinhos. Estão com a babá.
   _____

6. Meus amigos estão indo para Portugal. Estão no aeroporto.
   _____

7. Aquele menino é muito levado. Está no balanço (*swing*).
   _____

## Possessive Pronouns / *Pronomes possessivos*

**GRAMÁTICA:**

The possessive pronoun always refers to the possessed object - not to the subject who possesses it. It means that the possessive pronoun agrees in gender (masculine or feminine) and number (singular or plural) with the possessed object (and NOT with the person!)

**OBJECT = GENDER**

de = of

Chapter 6 - Use of Verbs: Gostar (de), Preferir

| | Sentence | Translation from bold |
|---|---|---|
| Observe: | O carro **de Betânia** é velho | *of Betânia* |
| | O carro **dela** é velho | *of her* |
| | **Seu** carro é velho | *her* |
| | A bicicleta **de Betânia** é nova | *of Betânia* |
| | A bicicleta **dela** é nova | *of her* |
| | Sua bicicleta é nova | *her* |
| | Os cachorros **de César** são filhotes | *of César* |
| | Os cachorros **dele** são filhotes | *of him* |
| | **Seus** cachorros são filhotes | *his* |

cubs.

### PRONOMES POSSESSIVOS

| Masculino | | Feminino | |
|---|---|---|---|
| Singular | Plural | Singular | Plural |
| **meu** (of me/mine) | **meus** (my "of me"/mine) | **minha** (my/mine) | **minhas** (my/mine) |
| **seu** (of you/your) | **seus** (of you/your) | **sua** (of you/your) | **suas** (of you/your) |
| **seu** (of him/his) (of them/their) | **seus** (of him/his) (of them/their) | **sua** (of her/her) (of them/their) | **suas** (of her/her) (of them/their) |
| **nosso** (of us/our) | **nossos** (of us/our) | **nossa** (of us/our) | **nossas** (of us/our) |

*Exemplos*: O pai *de Natália* se chama Marcos. (de Natália / *of Natália*)
O pai *dela* se chama Marcos. (de + ela = dela / *of + her*)
*Seu* pai se chama Marcos. (*Her father is called Marcos*)

### EXERCISE 21 / Exercício 21

dela (of her)
dele (of him)

**Working with possessive pronouns/Trabalhando com os pronomes possessivos**

Que

HOMEWORK

ESCREVA:

Complete the following exercise according to the model given above

1. O café *de Dênis* está frio.
   O café ___dele___ (*of him*) está frio. = COLD.
   ___Seu___ café está frio.

# REVIEW

**Brazilian Portuguese - Beginner 2**

2. O nome *da esposa* do meu irmão é Andréa. (wife) (brother) (m) 3º
   O nome ~~sua~~ é Andréa. (*of her*) **dela** ✓
   **seu** nome é Andréa.

   *well done*

3. O nome *da minha amiga* é Lucília.
   **seu** O nome ~~sua~~ é Lucília. (*of her*) **dela**
   → **seu** nome é Lucília.

4. Esse caderno (*notebook*) é de Maurício. (m)
   Esse caderno é **dele**. (*of him*) ✓
   → Esse é **seu** caderno. ✓

   bom-passado
   → rare

5. O bife *de Bruna* está mal passado.
   **seu** O bife **dela** está mal passado. (*of her*) ✓
   → **sua** (bife) está mal passado.
       o bife

6. Os filhos *da minha prima* são levados (*naughty*).
   Os filhos **dela** são levados. (*of her*)
   → **seus** filhos são levados.
                                    → **deles**

7. A casa de praia *de Jonathan e Carolina* é aconchegante (*cosy*).
   A casa de praia ~~seus~~ **deles** é aconchegante. (*of them*)
   **sua** ~~nossos~~ casa de praia é aconchegante.

8. *Brad e Gibran* preparam pratos apetitosos (*appetizing dishes*).
   Os pratos **deles** são *apetitosos*. (*of them*) PLATE
   **seus** pratos são apetitosos.
            m

✱ 9. O celular *de Paulo* está com defeito.
   O celular **dele** está com defeito. (*of him*)
   **seu** celular está com defeito. = DEFECT

✱ 10. *Eu e Stefano* queremos o bife bem passado.
   Queremos o **nosso?** bife bem passado. (*our*)

Eu
você
ele
ela
nós
eles

### Exercise 22 / Exercício 22

**Making comparisons / Comparando**

 **FALE:**

Compare your friend's house, car, parents, etc with yours.

Exemplo: Minha casa é grande. A casa de George é pequena. O carro dele é velho, e o meu é novinho. Meus pais são jovens, os pais dele são idosos (*elderly, old*)

Chapter 6 - Use of Verbs: Gostar (de), Preferir

### Exercise 23 / Exercício 23

**Homework** / *Dever de casa*

**ESCREVA:**

The following text is a synopsis of the movie *Central do Brasil*, by director Walter Salles. Work through the following exercise, re-phrasing the text in bold print. Note that this exercise requires you to change the "adjetivos possessivos" into "pronomes possessivos". If you are unsure, please consult the box "Pronomes Possessives". The first exercise is done to help you.

Dora é uma mulher madura e solitária. Ela trabalha em uma estação de trens metropolitanos. A estação chama-se Central do Brasil e está localizada no centro do Rio de Janeiro.

Dora, uma ex-professora primária, escreve cartas na estação para as pessoas analfabetas. Ou seja (*I mean, i.e*), **os clientes dela não sabem escrever.** (Seus clientes não sabem escrever.) **As cartas dela são de amor.**

Uma cliente de Dora morre atropelada enfrente a estação. **O filho dela torna-se** (*becomes*) **órfão.** _____

Sem a mãe e sem parentes (*relatives*) na cidade grande, Josué, de apenas 9 anos, não tem onde morar. **A estação passa a ser *a moradia* dele.** _____

Dora, com pena do menino, resolve ajudá-lo. E é a partir daí que o destino une estas personagens em uma estória sentimental e fascinante. Mas para saber mais detalhes sobre a vida _____ (*of these*) personagens, você vai ter que assistir o filme.

# Chapter 7

# Prepositions / PREPOSIÇÕES

**GRAMÁTICA:**

A preposition is an invariable word that links other words or elements, expressing a relation to them:

> In name **of** God.  It is **for** you
> Where are you **from**?  I live **in** Sydney

In the following section you will learn the prepositions: **em, no, nos, na, nas** (*in, on, at*. In other contexts they also mean "to", "within", "by")

| Exemplos: | English translation: |
|---|---|
| A caneta está *na* minha bolsa | The pen is *in* my bag |
| O produto chega *em* 10 dias | The product arrives *in/within* 10 days |
| O livro está *na* mesa | The book is *on* the table |
| Estamos *em* casa | We are *at* home |
| O preço da carne aumentou *em* 30% | The price of the meat increased *by* 30% |

## Preposições: em, no, na, nos, nas

## EM (for cities, suburbs and capitals)

When talking about cities, suburbs and capitals use "**EM**".

| Exemplos: | English translation: |
|---|---|
| Eu moro <u>em</u> Sidney | I live <u>in</u> Sydney |
| Ele mora <u>em</u> Berlim | He lives in Berlin |
| Ela está <u>em</u> Olinda agora | He is in Olinda now |
| Nós estamos <u>em</u> Madri | We are in Madrid |
| Vocês ainda estão <u>em</u> São Paulo? | Are you still in São Paulo? |

One of the <u>exceptions</u> is: Eu moro <u>no</u> Rio de Janeiro / I live in Rio de Janeiro.

It happens here because Rio de Janeiro is known as "O Rio de Janeiro", "O Estado do Rio de Janeiro" and there is a *contraction*\* here: **em + o = no**.

**\* Note:** A *contraction* is a short version of a group of words with some letters being omitted, or with the inclusion of an apostrophe.

In English some examples are: 'aren't' – instead of 'are not', you're instead of 'you are', etc.

## NO, NA, NOS, NAS (for countries and places)

GRAMÁTICA:

When referring to countries, bear in mind that in romance languages, such as Portuguese, gender (masculine / feminine) is a continuum. For instance Austrália is feminine (<u>a</u> Austráli<u>a</u>) and Japão is masculine (<u>o</u> Japã<u>o</u>). As a general rule, if the country / place ends with an "o" or a consonant, it is masculine and where it ends with an "a" it is feminine.

When describing that someone is in a country, we use "em" as a translation for "in". For example, Gibran mora em Portugal. However, as most countries also attract an article (i.e. O Brasil), a contraction is formed between "em" and "o" to form "no". For example, Gibran mora no Brasil. Other examples include "na Austrália ('in' / **em + a = na**)", "nos Estados Unidos" ('in' / **em + os = nos**), "nas Bahamas" ('in' / **em + as = nas**). You will need to familiarise yourself with the countries that do and do not attract articles.

*Examples:* Gibran mora **na** Austrália (**em + a = na**) / *Gibran lives in Australia*
Douglas mora **no** Brasil (**em + o = no**) / *Douglas lives in Brasil*

# Prepositions and Continents / Preposi...

**Observe** that all continents have female gender. W...
following the "**modelo**" provided below / Observe...
gênero feminine. Trabalhe com seus colegas seguindo o modelo dado abaixo

**Modelo:**

NA
- Europa
- Oceania (and subregions: Polinésia / Melanésia)
- África
- América do Sul
- América do Norte
- América Central
- Ásia

P: *Onde fica a Austrália?*

R: **Na** Oceania.

P: *Onde fica o Brasil?*

R: **Na** América do Sul.

(**Exemplo:** Onde fica ... a Nova Zelândia, a Croácia, a Itália, a Tailândia, a Austrália, a Espanha, a Jamaica, a China, a Tasmânia, a Colômbia)

(**Exemplo:** Onde fica ... o México, o Egito, o Brasil, o Canadá, o Japão, o Equador, o Timor Leste, o Chile, o Paquistão, o Iraque)

Work in pairs: ask questions to your classmate about locations of continents, countries and cities. As answers can vary this homework is not included in the Answers.

## Exercise 24 / Exercício 24

**Ask questions / *Faça perguntas***

**ESCREVA:** (in pairs / *em dupla*)

47

...pairs: ask questions to your classmate about locations of continents, ... and cities. As answers can vary this homework is not included in the ...ers.

R:

P:

R:

P:

R:

P:

R:

P:

R:

P:

R:

P:

R:

### Exercise 25 / Exercício 25

**Working with prepositions / *Trabalhando com preposições***

**ESCREVA:**

Insert the appropriate prepositions in the following exercise.

1. Eu moro _____ Sydney (Glebe, Paris, Wellington, Camberra, Madri, Washington, New York, etc).
2. Eu trabalho _____ cidade.
3. Meu amigo trabalha _____ uma concessionária *(car dealer)*.
4. Minha amiga mora _____ China.
5. A maior parte da Floresta Amazônica se encontra _____ Brasil.
6. Berlim fica _____ Alemanha.
7. O Brasil está _____ América do Sul.
8. A Austrália está _____ Oceania.
9. Nós estamos _____ aula de português.

10. O Cristo Redentor fica _____ Brasil, _____ Rio de Janeiro.
11. Eu geralmente passo minhas férias _____ _____
    (*student own answer*)
12. Meu melhor amigo está _____ casa.
13. Minha melhor amiga está _____ trabalho.

### Exercise 26 / Exercício 26

**You ask! / *Você pergunta!***

 **FALE:**

Working in pairs or small groups, practice asking questions and providing responses about where you might find different things, people and places. You might like to use some of the following example questions, or develop your own.

To assist with your answers, I have also provided you with the present tense conjugated form of some common verbs that you might like to use in your responses. These are provided below the questions. I have also included after the verbs a table for consultation.

| **Pergunta** | **English translation** |
| --- | --- |
| 1. Onde você mora? | Where do you live? |
| 2. Onde você trabalha? | Where do you work? |
| 3. Onde o seu amigo trabalha? | Where does your friend work? |
| 4. Onde a sua amiga mora? | Where does your (female) friend live? |
| 5. Onde se encontra a Floresta Amazônica? | Where is the Amazon Jungle? |
| 6. Onde fica Berlim? | Where is Berlin? |
| 7. Onde está localizado o Brasil? | Where is Brazil? |
| 8. E a Austrália? | And Australia? |
| 9. Onde nós estamos agora? | Where are we now? |
| 10. Em que país e em que lugar fica o Cristo Redentor? | In which country and place is "Christ the Redeemer"? |
| 11. Onde você geralmente passa as suas férias? | Where do you usually spend your holidays? |
| 12. Onde o seu melhor amigo está agora? | Where is your best (male) friend now? |
| 13. Onde a sua melhor amiga está nesse momento? | Where is your best (female) friend right now? |

# Brazilian Portuguese - Beginner 2

**LEIA:**

| Pronouns | Estar | Ficar | Morar | Trabalhar |
|---|---|---|---|---|
| Eu (I) | Estou | Fico | Moro | Trabalho |
| Você (You) | Está | Fica | Mora | Trabalha |
| Nos (We) | Estamos | Ficamos | Moramos | Trabalhamos |
| Ela / Ele (S/He) | Está | Fica | Mora | Trabalha |
| Vocês (You, plural) | Estão | Ficam | Moram | Trabalham |
| Eles / Elas (They) | Estão | Ficam | Moram | Trabalham |

## Table for consultation / *Tabela para consulta*

**DICA:**

Please consult the table below until you become familiarized with prepositions and countries and places. You can also choose the appropriate verbs above to ask your classmates where they live/work, where countries / capitals / monuments are located etc.

**LEIA:**

| País (*country*) | | Capital / Território / Cidade / Bairro (*capital / city / suburb*) | Lugar (*place*) | |
|---|---|---|---|---|
| | Feminine countries: | | **em** | casa |
| | Austrália (*in Australia*) Alemanha Itália França | Canberra Berlim Roma Paris | | |

50

Chapter 7 - Prepositions

| | | | | |
|---|---|---|---|---|
| na | Croácia<br>Inglaterra<br>Argentina<br>Suíça<br>Suécia<br>Nova Zelândia<br>Espanha<br>Bélgica<br>Bolívia<br>Colômbia<br>Lituânia<br>Costa do Marfim<br>Grécia<br>Turquia<br>Guatemala<br>Jamaica<br>Argélia<br>Armênia<br>Sérvia<br>Albânia<br>Geórgia<br>Jordânia<br>Eslováquia<br>Eslovênia<br>República Checa | em | Zagreb<br>Londres<br>Buenos Aires<br>Bern<br>Estocolmo<br>Wellington<br>Madri<br>Bruxelas<br>La Paz<br>Bogotá<br>Vilnius<br>Abidjan<br>Atenas<br>Ankara<br>Guatemala<br>Kingston<br>Argel<br>Erevan<br>Belgrado<br>Tirana<br>Tbilisi<br>Amã<br>Bratislava<br>Liubliana<br>Praga | na | lanchonete<br>praia<br>piscina<br>galeria de arte<br>farmácia<br>escola<br>universidade<br>sala de aula (*classroom*) |
| | ***Masculine countries:*** | | | | |
| no | Brasil (*in Brazil*)<br>Japão<br>México<br>Chile<br>Paraguay<br>Uruguay<br>Peru<br>Panamá<br>Timor Leste<br>Canadá<br>Senegal<br>Irã<br>Iraque<br>Paquistão<br>Afeganistão | em | Brasília<br>Tóquio<br>[4]Santiago do Chile<br>Assunção<br>Montevidéu<br>Lima<br>[5]<br>Díli<br>Ottawa<br>Dakar<br>Teerã<br>Bagdá<br>Islamabad<br>Cabul | | bar<br>restaurante<br>hotel<br>hospital<br>aeroporto<br>cinema<br>teatro<br>escritório<br>clube<br>autódromo<br>museu |

---

4   Na capital do México

5.  Na capital do Panamá

| | | | | |
|---|---|---|---|---|
| | Azerbaijão<br>Turquemenistão/<br>Turcomenistão<br>Cazaquistão<br>Uzbequistão | | Baku<br>Asgabate<br>Astana<br>Tashkent | |
| nos | *Masculine and plural country:*<br><br>Estados Unidos (EUA) | em | Washington | |
| em | *Masculine and singular country / administrative territory:*<br>Portugal<br>Porto Rico<br>Mônaco<br>El Salvador<br>Cuba<br>Angola<br>Moçambique<br>Fiji<br>Belize | em | Lisboa<br>San Juan<br>Monte Carlo<br>San Salvador<br>Havana<br>Luanda<br>Maputo<br>Suva<br>Belmopan<br>Hong Kong<br>Macau | |
| nas | *Female and plural country:*<br><br>Bahamas | em | Nassau | |

### Exercise 27 / Exercício 27

**Locating wonders of the world, monuments and atractions /** *Localizando as maravilhas do mundo, monumentos e atrações*

 **FALE:**

Working in pairs or small groups and using the following pcitures, practice asking and responding to questions about where these famous wonders, monuments and attractions are situated. Use the information above to help you.

**SINGULAR**

**Onde fica ... ?**        (= Onde é ...? / Onde está localizado/a...?)

Chapter 7 - Prepositions

  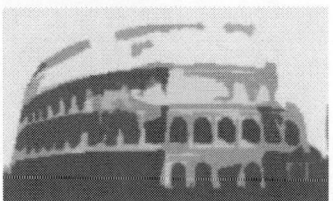

o Cristo Redentor    o Taj Mahal    o Coliseu de Roma

a Torre Eiffel    a Muralha da China    a Torre de Pisa

a Estátua da Liberdade    Petra    Machu Pichu

**PLURAL**
Onde ficam ...? (= Onde são ...? / Onde estão localizados/as...?)

as Pirâmides do Egito    as Cataratas do Iguaçu

as Cataratas de Vitória

as Cataratas do Niágara

### Exercise 28 / Exercício 28

**Answer the following questions** / *Responda as perguntas*

**ESCREVA:**

See the following example, which demonstrates how you can use the same vocabulary commonly found in questions, to provide answers. You will note that in the question, the verb (2) precedes the noun (1). However, in the response, the noun precedes the verb. Note also that the conjugated verb changes its form depending on whether the noun is singular or plural.

Now it's your turn. Using the same approach, provide answers to the questions below.

**(In Singular)**

             (2)            (1)
P:     Onde *fica*    *o Cristo Redentor*?
R:     *O Cristo Redentor*   *fica* no Brasil.

(or: O Cristo Redentor fica no Rio de Janeiro)

    a.  Onde fica o Taj Mahal?
         _____

    b.  Onde fica a Torre Eiffel?
         _____

    c.  Onde fica a Muralha da China?
         _____

    d.  Onde fica o Coliseu?
         _____

    e.  Onde fica a Estátua da Liberdade?
         _____

f. Onde fica Petra?
_____

g. Onde fica a Casa da Ópera de Sidney?
_____

**(In Plural)**

               (2)        (1)

P:    Onde <u>*ficam* **as Pirâmides do Egito**</u>?

R:    <u>***As Pirâmides do Egito** ficam*</u> no Egito.

h. Onde ficam as Cataratas do Iguaçu?
_____

i. Onde ficam as Cataratas do Niágara? (*Answer should be: "The Niagara Falls are between Canada and United States"*)
_____

j. Onde estão localizadas as Cataratas de Vitória?
_____

### Exercise 29 / Exercício 29

**Ask the questions / *Faça as perguntas***

**ESCREVA:**

Now it's your turn. Refer to the answers given below and develop the corresponding question for each response. Use the same approach as above.

1. _____?
   O Museu do Prado fica na Espanha.

2. _____?
   O Castelo de Birmingham fica na Inglaterra.

3. _____?
   O Museu do Louvre fica na França.

4. _____?
   As Ilhas Galápagos ficam no Equador.

5. _____?
   A Grande Barreira de Corais fica na Austrália.

6. _____?
   O Monte Kilimanjaro fica na Tanzânia.

7. _____?
   O Milford Sound fica na Nova Zelândia.

8. _____?
   As Ilhas Maldivas ficam no Oceano Índico.

9. _____?
   Bora Bora está localizada no Oceano Pacífico.

### Exercise 30 / Exercício 30

**Homework /** *Dever de casa*

**ESCREVA:**

Complete the following exercises, which require you to insert the appropriate preposition: *em / no / na*

1. Você vai almoçar _____ restaurante ou _____ casa hoje?
2. A Semana Santa _____ Espanha é uma das celebrações mais importantes do país.
3. _____ Brasil o Natal (*Christmas*) é celebrado nos dias 24 e 25 de dezembro.
4. _____ Mônaco, o Grande Prêmio atrai turistas de todo o mundo.
5. O Ano Novo _____ Copacabana é sensacional. Todos se vestem de branco e há (*there is*) muita queima de fogos (*fireworks*).
6. _____ Sydney, a maior queima de fogos acontece _____ ponte "Harbour Bridge".
7. Há sempre música ao vivo _____ barzinho da esquina (*at the bar on the corner*).
8. O Cristo Redentor é uma das sete maravilhas do mundo moderno. Está situado _____ Rio de Janeiro, _____ Brasil.
9. _____ Macau fala-se cantonês e português.
10. A temperatura média _____ Maputo varia entre 22-31 °C em fevereiro.
11. Minha namorada trabalha _____ uma companhia de bebidas.
12. Meu primo Rogério estuda _____ Faculdade de Administração.

## Review of Prepositions + Articles / *Revisão de Preposições com Artigos*

**GRAMÁTICA:**

## Chapter 7 - Prepositions

| VERBO SER + <u>DE</u> + LUGAR | (*verb to **BE** + **FROM** + **PLACE***) |
|---|---|
| de + o = do | Eu sou <u>do</u> Brasil |
| de + a = da | Nós somos <u>da</u> Austrália |
| de + os = dos | Ele é <u>dos</u> Estados Unidos |
| de + as = das | Ela é <u>das</u> Bahamas |
| de + (*no preposition required*) = de | Elas são <u>de</u> Cuba |

| VERBO ESTAR + EM + LUGAR | (*verb to **BE** + **IN** + **PLACE***) |
|---|---|
| em + o = no | Eu estou <u>no</u> Brasil |
| em + a = na | Nós estamos <u>na</u> Austrália |
| em + os = nos | Ele está <u>nos</u> Estados Unidos |
| em + as = nas | Ela está <u>nas</u> Bahamas |
| em + (*no preposition required*) = em | Elas estão <u>em</u> Cuba |

### EXERCISE 31 / Exercício 31

**Crosswords / *Caça-palavras***

**ESCREVA:**

Read the following crosswords and then try to find the capitalised words in the text box that follows. Notice that DISTRITO FEDERAL has already been highlighted for you.

O BRASIL é o maior país da AMÉRICA DO SUL
O canguru e o coala são animais nativos da AUSTRÁLIA
O escritor Goethe era (was) da ALEMANHA
ESCÓCIA, INGLATERRA, IRLANDA DO NORTE E PAÍS DE GALES fazem parte do REINO UNIDO
Além do Brasil, fala-se português também em ANGOLA, PORTUGAL, MOÇAMBIQUE, CABO-VERDE, entre outros países
A Nova Zelândia fica no sudoeste do OCEANO PACÍFICO
Formam os ESTADOS UNIDOS cinquenta Estados e um DISTRITO FEDERAL

# Brazilian Portuguese - Beginner 2

| P | H | Z | G | S | T | A | R | P | A | N | P | E | T | D | B | E | S | T | A | D | O | S | U | N | I | D | O | S | F | N | G |
|---|---|---|---|---|---|---|---|---|---|---|---|---|---|---|---|---|---|---|---|---|---|---|---|---|---|---|---|---|---|---|---|
| V | A | D | A | M | D | O | S | A | L | E | M | A | N | H | A | G | A | J | I | F | E | J | E | C | K | E | G | R | M | B | S |
| I | E | H | F | E | I | D | F | N | D | I | F | N | R | D | I | F | H | H | R | F | A | J | F | H | I | M | E | R | W | R | U |
| Q | P | Q | W | O | E | I | R | U | R | J | F | N | V | F | K | F | K | F | J | U | P | W | K | S | U | F | W | A | O | E | C |
| S | I | D | J | D | I | S | T | R | I | T | O | F | E | D | E | R | A | L | C | K | L | O | S | O | E | I | E | U | R | Y | U |
| I | W | I | W | H | D | H | B | F | C | H | G | F | Y | U | F | Y | F | O | P | P | L | K | H | M | M | W | V | I | E | A | M |
| T | A | T | S | E | F | D | M | I | R | H | Z | V | X | N | V | O | P | I | L | T | R | T | E | Y | A | C | O | L | V | L | A |
| I | U | I | K | J | E | R | T | S | A | U | S | T | R | A | L | I | A | C | O | E | H | K | G | J | L | A | K | S | J | F | I |
| N | K | G | V | C | E | Y | R | F | Y | H | G | J | F | N | B | S | D | V | X | G | A | O | H | F | H | F | D | H | E | O | L |
| G | Q | F | S | G | D | Y | U | X | C | V | B | C | V | N | V | L | K | E | P | L | R | C | F | H | F | H | F | H | F | D | P |
| L | H | C | I | T | Y | P | O | R | T | U | G | A | L | M | E | R | D | J | U | I | A | E | N | D | D | I | E | D | T | V | A |
| A | H | F | D | U | D | U | D | S | W | G | S | J | Z | K | X | N | M | S | J | R | A | A | I | O | J | A | J | K | D | G | I |
| T | O | S | P | S | W | I | R | Y | G | G | V | N | B | C | F | J | K | S | K | L | I | N | N | N | V | O | D | N | A | I | S |
| E | S | C | O | C | I | A | J | A | J | D | U | I | J | V | R | I | W | M | E | A | K | O | R | U | O | D | D | O | B | O | D |
| R | P | A | M | E | R | I | C | A | D | O | S | U | L | S | J | V | B | V | G | N | S | P | U | I | G | U | A | R | C | C | E |
| R | U | S | W | O | I | S | D | J | C | D | N | F | G | F | H | D | I | U | U | D | G | A | G | R | I | D | N | O | R | Q | G |
| A | N | G | O | L | A | C | A | P | E | C | A | B | O | V | E | R | D | E | B | A | D | C | E | I | D | A | I | I | I | S | A |
| O | I | A | F | J | D | J | B | V | Z | K | F | H | F | O | I | A | E | A | B | D | A | I | D | I | F | I | G | O | D | D | L |
| J | D | B | V | A | N | G | R | O | F | I | A | I | E | D | E | A | R | O | A | O | G | F | O | I | G | I | A | O | F | O | E |
| A | I | F | D | B | G | R | H | T | U | R | H | A | F | I | A | S | G | A | F | N | B | I | Z | D | F | J | U | A | J | U | S |
| N | F | E | I | A | H | G | F | D | O | A | G | J | O | B | R | A | S | I | L | O | A | C | N | D | F | N | N | D | F | V | I |
| F | O | A | E | H | N | G | V | D | I | K | G | B | A | I | F | G | H | R | O | R | G | O | H | A | K | N | F | K | A | B | N |
| O | A | N | F | O | D | N | G | J | A | N | G | O | A | D | N | F | A | B | G | T | B | A | I | K | F | B | A | C | E | A | C |
| M | O | Ç | A | M | B | I | Q | U | E | F | O | A | E | F | O | U | W | H | G | E | K | Z | A | B | V | N | C | A | X | B | E |

# Chapter 8

# Lesson's vocabulary / VOCABULÁRIO DA LIÇÃO

**EXERCISE 32 / Exercício 32**

**Descover the meaning / *Descubra o significado***

ESCREVA:

Relate the columm to the left with the appropriate meaning given on the right.

| VOCABULÁRIO | |
|---|---|
| 1. **ligar para** | ( ) estar no escritório |
| 2. **encontrar-se no escritório** | ( ) por essa razão |
| 3. **por isso** | ( ) telefonar para |
| 4. **deixar um recado** | ( ) chegar tarde |
| 5. **chegar atrasado** | ( ) chegar na hora marcada / certa |
| 6. **ser pontual** | ( ) deixar uma mensagem |
| 7. **atender o telefone** | ( ) pegar o telefone e falar com quem liga |
| 8. **desligar o telefone** | ( ) terminar de falar ao telefone |
| 9. **assim que** | ( ) tão logo |
| 10. **mesmo** | ( ) realmente |
| 11. **no momento** | ( ) agora, nesse instante |

## Exercise 33 / Exercício 33

**Form Sentences** / *Forme frases*

ESCREVA:

In the following exercise, use the words that are given to form sentences.

a. telefone - o - secretária - atende - a
   _____

b. no - não - no - ele - se - escritório - encontra - momento
   _____

c. atrasado - chega - sempre - o - chefe
   _____

d. os - pontuais - médicos - hospital - são - nesse
   _____

e. não - atender - no - posso - momento - atender
   _____

f. algum - deixar - recado - quer - ?
   _____

g. namorada - ele - para - a - os - dias - liga - todos
   _____

h. a - pode - senhora - carregar - peso - não
   _____

i. assim - ela - dou - que - o - chegar - recado
   _____

j. pode - não - ele - momento - atender - no
   _____

k. com - troco - pode - o - ficar
   _____

## Exercise 34 / Exercício 34

**Audio comprehension** / *Compreensão auditiva*

OUÇA: Track Number 3

# Chapter 8 - Lesson's vocabulary

**ESCREVA:**

Listen to the track and then answer the following questions

1. Quem liga para Susana?
   - ( ) Renato
   - ( ) Satã
   - ( ) Nathan

2. Susana não pode
   - ( ) atender o telefone
   - ( ) dar seu número de telefone
   - ( ) desligar o telefone

3. Susana não se encontra ...
   - ( ) no escritório
   - ( ) no dormitório
   - ( ) no banheiro

4. Nathan deixa ...
   - ( ) um retrato
   - ( ) um buquê de flores
   - ( ) um recado

5. A reunião vai ser ...
   - ( ) às 12 horas, no Hotel Delux
   - ( ) às 10 horas, no Hotel Que Luxo
   - ( ) às 10 horas, no Hotel Delux

6. Nathan vai chegar ...
   - ( ) cedo para a reunião
   - ( ) atrasado para a reunião

7. Nathan vai chegar com quantos minutos de atraso?
   - ( ) na hora marcada para a reunião
   - ( ) uns 30 minutos de atraso
   - ( ) uma hora de atraso
   - ( ) uns 10 ou 15 minutos de atraso

8. Depois da reunião Nathan vai ser ...
   - ( ) demitido
   - ( ) promovido
   - ( ) esta informação não se encontra no áudio

## Exercise 35 / Exercício 35

**Practice a bit more / *Pratique um pouco mais***

**OUÇA: Track Number 4**

61

**ESCREVA:**

Review the following dialogue and consider what the missing words may be. After that, listen to the audio recording to check if you have the right answers.

**(Susana)**

Oi, você ligou para Susana. No momento não posso _____. Deixe o seu _____ ou volte a _____ mais tarde. Obrigada.

**(Nathan)**

Oi Susana, aqui é o Nathan. Estou ligando para confirmar a _____ de amanhã, no Hotel Delux, às 10 _____. Vai ser na sala de Convenções do hotel. Olha, eu vou chegar um pouco _____. Com uns 10 ou 15 minutos ____ _____. Obrigado e até amanhã.

### Exercise 36 / Exercício 36

**Answer the questions/ *Responda as perguntas***

**ESCREVA:**

Re-read the text above and answer the questions. Please provide full answers.

1. Nathan liga para quem?

2. Por que Nathan deixa um recado para Susana?

3. Qual é o recado?

4. Onde vai ser a reunião?

5. Nathan não vai poder ser pontual. Como você pode dizer "He is going to be late"?

6. Nathan vai chegar à reunião com quantos minutos de atraso?

7. Quando você vai chegar atrasado a uma reunião ou encontro, você liga para avisar?

## Expressions with the verb "to phone" / *Expressões com o verbo "ligar"*

GRAMÁTICA:

**ligar para** = **telefonar** (*to call someone*)

**Exemplos:**

Eu te ligo...
Eu ligo para você / ele...
Me liga...
Liga para mim...
{ hoje
ainda hoje
mais tarde
antes da reunião
depois da reunião
assim que eu puder
depois de amanhã }

Depending on who you are talking to, you may wish to ask someone to call you. Like in many languages, you may ask colloquially or more politely / formally. See the two examples below:

Colloquial = Me liga, tá?

Note in the colloquial version, the use of "tá" is an abbreviation for "está" and carries the meaning equivalent to the use of "ok" in English.

Polite / formal = Você pode me ligar... [hoje, mais tarde, amanhã, etc]?

**ligar para** = **dar atenção para** (*to take notice*)

   **Exemplos:**  "Eu não ligo para você"
   "Não liga para o que ele disse"
   "Não liga, não!"
   "Eu não ligo muito para feijoada!" (*not to be a great fan of*)

**ligar** = **unir; juntar** (*to unite; to connect something*)

Exemplos: "A polícia liga os fatos e descobre o bandido"
"Para descobrir o desenho, você tem que ligar os pontos"

**ligar = colocar algo em funcionamento**

Exemplos: "Liga a televisão, por favor!" (liga = *turn on*)
"O ventilador não funciona porque não está ligado (*is not plugged-in*) na tomada (*the power point*)"

**ligar-se = prestar atenção no próprio comportamento; nos próprios atos**
(*to become aware of; to reflect*)

Exemplos: "Se liga!"

### Exercise 37 / Exercício 37

Choose the appropriate expressions / *Escolha as expressões apropriadas*

 **FALE:**

Read the following phrases that describe certain situations. Following which, discuss each of the situations with your classmate. Choose the appropriate expressions to use:

"Olha, não liga para o que ele disse, não. Acho que ele está nervoso hoje."

"Mãe, liga a televisão, por favor!"
"Se liga, meu irmão. Alguém pode nos ouvir!"

"Oi Janice, aqui é a Ruth. Me liga assim que você ouvir essa mensagem, tá?"

"Claro, ele não está ligado!"

"Puxa, adoraria ir, mas eu não ligo mesmo para churrasco."

1. Você e seus colegas são policiais e estão em missão secreta num bar. Um dos seus colegas bebe e começa a comentar sobre a missão. O que você diz para ele?
2. Você está no sofá da sua casa e sua mãe está perto da televisão. Você quer ver televisão. O que você diz para ela?
3. Sua namorada diz que o computador não funciona. Você observa que o fio (*the cable*) do mesmo não está conectado à tomada. O que você diz para a sua namorada?
4. Seu chefe está de mau-humor hoje e foi mal-educado com o seu colega. O seu colega está magoado. O que você diz para ele?
5. Você liga para a sua amiga, mas o telefone está ocupado. Você deixa um recado. Como você pede para ela te ligar mais tarde?
6. Seu amigo te convida (convida você) para um churrasco no próximo sábado. Você não gosta muito de carne vermelha. O que você diz para o seu amigo?
7. Agora, imagine uma situação para o seu / a sua colega. O que ele diz?

# Irregular Verbos: Present of Indicative / *Verbos irregulares: Presente do Indicativo*

**GRAMÁTICA:**

| DAR | |
|---|---|
| (to be able to) | |
| *Eu* --------- | **dou** |
| *Você*<br>*O senhor*<br>*A senhora*<br>*Ele / Ela*<br>*A gente* | **dá** |
| *Nós* --------- | **damos** |
| *Vocês*<br>*Os senhores*<br>*As senhoras*<br>*Eles / Elas* | **dão** |

**Examples** with the verb "**DAR**":

| | |
|---|---|
| Pode me dar uma informação? | Can you give me some information? |
| Pode me dar um refrigerante? | Can I have a soft drink? |
| Pode me dizer onde fica a rodoviária? | Can you tell me where the bus station is? |
| Posso ir ao médico com você amanhã. | I can go to the doctor with you tomorrow. |
| Hoje vou dar um presente lindo para a minha namorada. | I'm going to give a lovely gift to my girlfriend today. |
| Samuel não vai dar aula este semestre porque vai viajar. | Samuel won't teach this semester as he is going to travel. |

| *Idiomatic Expressions / Expressões Idiomáticas* ||
|---|---|
| *"Dar-se conta de"* = to realize | "No outro dia fui ao correio e o encontrei fechado. Então, *me dei conta de* que era domingo" (The other day I went to the post office to find it closed. But then I realised that it was Sunday") |
| *"Dar para"* = *to be possible to* | "*Dá para* você chegar às 8 horas?" (Is it possible for you to arrive at 8 pm?) "Dá, dá sim!" (Yes!)<br><br>"Hoje *não dá para* ir ao cinema. Tenho que estudar para a prova de amanhã" (Today, I cannot go to the cinema. I have to study for tomorrow's exam")<br><br>"*Não vai dar* para ir ao churrasco da Júlia no sábado. Que pena!" (I cannot go to Julia's barbecue on Saturday. What a pity") |
| *"Dar bola para"* / *"dar idéia para"* = *"dar atenção para / a"* = *to pay attention to; to give a damn*<br><br>NOTE: "*dar bola para*" can also mean to show sexual interest in someone | "Ele *não dá bola / não dá idéia / não dá atenção para* os comentários do chefe" ("He doesn't give a damn about his boss's opinions")<br><br>"Ela está dando bola para o meu primo" ("She is interested in my cousin) |
| *"Dar-se bem com"* = *to get along with* | "Nós *nos damos* muito bem." (We get along well together)<br>"Eles *se dão* bem" (They get along well together)<br>"Carla não *se dá* bem com a sogra, mas *eu me dou bem com* a minha" (Carla doesn't get along with her mother-in-law, but I get along well with mine) |
| *"Dar com a língua nos dentes"* = *to say too much; to say something that should be kept private* | "Ela *deu com a língua nos dentes*" |
| *"Dar certo"* = *to be fine; to work out* | "Vai *dar* tudo **certo, n**ão se preocupe!" ("Everything will be fine, don't worry!") |
| *"Dar"* = *to come to* | "*Dá um total de* R$50,00" (It comes to R$50.00"<br><br>"*Dão* 30 dólares" ("It comes to 30 dollars") |

Chapter 8 - Lesson's vocabulary

| | |
|---|---|
| *"Dar satisfação para / a"* = to explain as an obligation | "Os filhos geralmente não gostam de *dar satisfação aos* pais"(Children don't normally like to tell their parents what they are doing") <br><br> Nosso supervisor sai cedo às sextas-feiras e *não dá satisfação a* ninguém" ("Our supervisor goes home early on Fridays, but doesn't tell anyone about it") |
| *"Dar notícias"* = informar | "Você está melhor da gripe, vó? *Dê notícias* quando puder!" ("Are you better from the cold, granny? Give me some news whenever you can") <br><br> "Como *dar* uma má *notícia*?" ("How do you give bad news?") |
| *"Dar de si"* = to become loose <br><br> NOTE: *"dar (tudo /o melhor de si)* = to give the best one can | "Os sapatos de couro sempre *dão de si*." ("Leather shoes always become loose / expand") |

### Exercise 38 / Exercício 38

**Using the verb "dar" in sentences / Usando o verbo "dar" em frases**

ESCREVA:

Complete the following sentences using the conjugated form of the verb *"dar"*, in Present Tense.

a. As árvores _____ flores, frutos e purificam o ar.
b. Não se preocupe, vai _____ tudo certo!
c. Este sapato é lindo, mas está um pouco apertado. Você acha que ele vai _____ de si?
d. Ela _____ o melhor de si em tudo o que faz.
e. Os professores normalmente não _____ aulas aos domingos.
f. Vamos _____ a notícia sobre o cancelamento do contrato?
g. Nossos funcionários (*workers / employees*) se _____ muito bem entre si.
h. _____ para você me fazer um favor?
i. Os filhos (The children) geralmente não gostam de _____ satisfação aos pais. Eu não _____ satisfação aos meus pais. Você _____ aos seus?

67

Brazilian Portuguese - Beginner 2

j. Você se _____ bem com Leonor?
k. Moço, quanto _____ tudo? (*Mate, how much is everything?*) _____ um total de R$ 40,00.
l. Que homem nojento! Ele _____ bola para todas as moças (*young women*) do trabalho. _____ para ver que é uma pessoa infeliz.

**LEIA:**

Read through the following list of conjugated verbs, in the Present Tense and consider their equivalent in English. After that, read the dialogues below the boxes and tick (V) for the correct information.

| Pronouns | PODER (to be able to) | QUERER (to want) | FAZER (to do; to make) |
|---|---|---|---|
| Eu --------- | posso | quero | faço |
| Você<br>O senhor<br>A senhora<br>Ele / Ela<br>A gente | pode | quer | faz |
| Nós --------- | podemos | queremos | fazemos |
| Vocês<br>Os senhores<br>As senhoras<br>Eles / Elas | podem | querem | fazem |

| Pronouns | REDUZIR (to reduce) | DIMINUIR (to reduce) |
|---|---|---|
| Eu --------- | reduzo | diminuo |
| Você<br>O senhor<br>A senhora<br>Ele / Ela<br>A gente | reduz | diminui |
| Nós --------- | reduzimos | diminuímos |

| Vocês<br>Os senhores<br>As senhoras<br>Eles / Elas | reduzem | diminuem |

## Reading / *Leitura*

 LEIA:

You will note the following dialogue has been written in an informal or colloquial way to illustrate how Brazilians talk to each other. The same dialogue is incorporated at the end of the related activities / exercises to show a more formal version of this dialogue. You will find the more polite / formal text in the written form, but will not as readily hear it in the spoken form. You should be aware of and understand both forms.

## Diálogo entre a secretária, Amauri e o Seu Pedro

**Secretária** - Mecânica "Tudo Certinho", bom dia!

**Amauri** - Oi, bom dia, o Seu Pedro **tá** (= **está**) aí?

**Secretária** - Tá, sim. Quem deseja?

**Amauri** - É o Amauri.

**Secretária** - Espera só um momentinho que eu vou ver se ele pode atender.

Seu Pedro.... Telefone **pro** senhor! (= **para o**)

**Sr. Pedro** - Já vou! Quem é que **tá** (= **está**) **no** (= **ao**) telefone, Matilde?

**Secretária** - É um **moço** (*young man*) chamado Amauri.

**Sr. Pedro** - **Tá** (= Está bem; OK), já **tô** indo... (= **estou**)

Pedro falando!

**Amauri** - Oi, Seu Pedro! Aqui é o Amauri, filho do Seu (= Sr.) Fabrício. **Tá** lembrado? (= **está**)

**Sr. Pedro** - Ah, sim, claro que lembro. Você é **o caçula** (*the youngest son*) do Fabrício, **né**? (= *aren't you /aren't they /isn't it, isn't she/he?*)

**Amauri** - Isso mesmo, que boa memória o senhor tem, **hein**? (= *hey*)

**Sr. Pedro** - É, tenho mesmo! Então, meu filho, **tá** tudo certinho?

**Amauri** - Que nada, Seu Pedro. Meu carro **tá** com problema de novo! Não posso fazer nenhuma (= *any*) manobrinha ou reduzir a velocidade que o carro pára. O senhor tem ideia do que pode ser?

**Sr. Pedro -** Hum... vamos ver! Quando você **liga** o carro, ele faz algum (= *some / any*) barulho diferente do normal? Tipo... som de peça solta? **Sei lá** (= *I don't know*), alguma coisa batendo...

**Amauri -** Não, isso não. O motor até que é bem silencioso. Mas ele pára, **de repente** (*suddenly*). E aí, não tem jeito de fazer ele **pegar** de novo! **Olha**, eu sempre verifico o nível de óleo quando abasteço. Então, falta ou excesso de óleo não é. O motor e a bateria são **novinhos em folha** (= *brand new*)! O senhor pode dar uma olhada nele hoje ainda?

**Sr. Pedro -** **Olha**, Amauri, sinceramente, hoje não dá. Mas posso ver **isso** (*this*), amanhã. Você pode passar aqui na oficina **bem** cedo?

**Amauri -** Poxa ("Puxa"), Seu Pedro, não dá **pra** (= **para**) me **quebrar esse galho**? **Não dá mesmo** (= "*Are you sure...*") pra **dar um jeitinho** (= *to find a way*)? Eu já até deixo com o senhor um cheque pré-datado...

**Sr. Pedro -** Eu **bem** que gostaria, mas hoje é impossível. **Tô** (= **estou**) com serviço **até o pescoço**. Dá para você deixar o carro aqui amanhã às 6:00 h? Eu prometo que já **pego** no serviço **assim que** (= *as soon as*) você deixar o carro aqui.

**Amauri -** Tudo bem, dá sim. O senhor sabe quanto tempo **vai levar** (= *will take*) **pro** (= **para o**) conserto?

**Sr. Pedro -** Ihh, meu filho, **não tenho a mínima ideia**! (or "Não faço a mínima / menor ideia = *I haven't the slightest idea*) Primeiro, preciso **examinar** o carro para saber qual é o problema. Só depois disso é que vou poder avaliar o tempo de serviço e o custo. Ainda **nem** sei se vou **ter que** comprar peças... Só vendo mesmo o estado do seu carro...Agora, me diz uma coisa: você vem **mesmo**, amanhã, às 6 h?

**Amauri -** Pode me esperar que eu vou, sim.

**Sr. Pedro -** Ah, mais uma coisa, Amauri. A gente não trabalha mais com cheque.

**Amauri -** **Nossa** (= *Wow*!), que chique! E vale-refeição, vocês aceitam? Rsrs (=*lol; ha ha ha*!)

**Sr. Pedro -** Também não!

**Amauri -** Nem fiado? Rsrs

**Sr. Pedro -** Fiado (= *no credit*), **nem pensar**! Assim eu vou à falência! Rsrsrs. A gente aceita cartão visa, mastercard ou dinheiro, sendo que **pagamento em dinheiro tem que** ser à vista. Mas, não precisa se preocupar que eu faço **um precinho camarada** para os amigos.

**Amauri -** **Valeu** mesmo, Seu Amauri! No cartão, o senhor **parcela em quantas vezes**?

**Sr. Pedro -** No cartão a gente parcela em três vezes **sem juros**.

Amauri - <u>Nesse caso</u>, eu espero o seu **orçamento** e aí eu decido como é que vou pagar. Eu **passo** aí amanhã **cedinho**. Até mais, Seu Pedro!

Sr. Pedro - <u>Tá certo</u>, Amauri. **Dá lembranças** ao seu pai **por mim** (= on my behalf). Tchau!

Amauri - <u>Pode deixar</u> que eu dou. Tchau!

### Exercise 39 / Exercício 39

What is the correct answer? / *Qual é a resposta certa?*

**ESCREVA:**

Choose the correct answer.

a. O Sr. Pedro ...
 ( ) é amigo de Amauri
 ( ) é amigo do pai de Amauri
 ( ) não conhece Amauri
 ( ) nenhuma das respostas acima

b. O Sr. Pedro ...
 ( ) trabalha na oficina mecânica "Tudo Certinho"
 ( ) está aposentado e, por isso, não trabalha mais
 ( ) não atende o telefonema de Amauri porque não gosta de falar ao telefone
 ( ) não quer consertar o carro de Amauri

c. Amauri ...
 ( ) nunca teve problemas com o seu carro
 ( ) quer consertar o carro
 ( ) quer vender o carro na oficina do Sr. Pedro
 ( ) quer trocar de carro com o Sr. Pedro

d. O Sr. Pedro ...
 ( ) cobra muito caro pelo conserto do carro
 ( ) cobra barato pelo conserto do carro
 ( ) não cobra nada pelo conserto do carro
 ( ) ainda não sabe quanto vai cobrar pelo conserto do carro

e. O carro de Amauri ...
 ( ) só não funciona de manhã
 ( ) pára de funcionar com qualquer manobra
 ( ) não há nenhum problema com o carro

f. O Sr. Pedro aceita...
 ( ) cheque pré-datado
 ( ) vale refeição
 ( ) cartão Visa ou dinheiro
 ( ) pagamento fiado

### Exercise 40 / Exercício 40

**Selecting the appropriate verbs / *Escolhendo os verbos apropriados***

ESCREVA:

Select from the following list of verbs to complete the missing words in the ensuing exercise.

| | | |
|---|---|---|
| **atender** (*to answer*) | **estar** (*to be*) | **ligar** (*to call or to turn-on*) |
| **dizer** (*to tell or to say*) | **querer** (*to want*) | **aceitar** (*to accept*) |
| **fazer** (*to do, to make*) | **chamar-se** (*to be named*) | **pegar** (*to start, to take*) |
| **ir** (*to go*) | **chamar** (*to call*) | **verificar** (*to verify / check*) |
| **ter** (*to have*) | **lembrar-se** (*to remember 'oneself'*) | **ligação / chamada** (*a (phone) call*) |
| **dar** (*to give*) | **parar** (*to stop*) | **passar** (*to pass-by*) |

1. A secretária _____ Matilde. Ela _____ o telefone na oficina do Seu Pedro.
2. A secretária _____ o Seu Pedro e _____ que tem uma _____ para ele.
3. O Seu Pedro reconhece Amauri. O Seu Pedro diz: "Claro que _____ de você!"
4. O Seu Pedro vai _____ um precinho camarada.
5. O Seu Pedro não _____ ideia do problema. Ele pergunta ao Amauri se o carro _____ barulho quando ele o _____.
6. Quando Amauri _____ alguma manobra, o carro _____.
7. Amauri _____ o nível de óleo quando abastece.
8. O Seu Pedro não _____ examinar o carro hoje. Ele _____ com serviço até o pescoço.
9. Os clientes do Seu Pedro _____ pagar com cartão visa, mastercard ou dinheiro. Mas _____ pagar com cheque pré-datado nem vale transporte. A oficina também não _____ fiado.
10. Amauri vai _____ na oficina amanhã cedo. Hoje não _____ porque o Seu Pedro _____ muito ocupado.
11. Encontre no texto a oração correspondente a: *"Does the car make any noise when you starts it?"* _____

### Exercise 41 / Exercício 41

**Text's compreension / *Compreensão de texto***

Chapter 8 - Lesson's vocabulary

**ESCREVA: (in pairs/ *em dupla*)**

Refer to the above text and then answer the following statements. Respond by stating whether the following statements are true or false. You may need to consult your dictionary.

a. O Seu Pedro sempre cobra mais barato dos amigos.
_____

b. O carro é muito barulhento.
_____

c. O rapaz checa o nível de óleo quando abastece.
_____

d. O Seu Pedro reconhece Amauri.
_____

e. Amauri tem uma Ferrari totalmente nova!
_____

f. Preciso ver o carro para saber o que ele tem.
_____

g. O senhor pode me ajudar?
_____

h. Amauri é o filho mais novo.
_____

i. Hoje não é possível.
_____

j. Estou com muito trabalho.
_____

**Diálogo entre a secretária, Amauri e Seu Pedro (formal)**

**Secretária -** Mecânica "Tudo Certinho", bom dia!
**Amauri -** Oi, bom dia, o Seu Pedro está aí?
**Secretária -** Está, sim. Quem deseja?
**Amauri -** É o Amauri .

**Secretária -** Espere só um momentinho que eu vou ver se ele pode atendê-lo. Seu Pedro.... Telefone para o senhor!

**Sr. Pedro -** Já vou! Quem é que está ao telefone, Matilde?

**Secretária -** É um moço chamado Amauri.

**Sr. Pedro -** Está bem, já estou indo...
Pedro falando!

**Amauri -** Oi, Seu Pedro! Aqui é o Amauri, filho do Sr. Fabrício. Está lembrado?

**Sr. Pedro -** Ah, sim, claro que lembro. Você é o caçula do Fabrício, não é?

**Amauri -** Isso mesmo, que boa memória o senhor tem, hein?

**Sr. Pedro -** É, tenho mesmo! Então, meu filho, está tudo certinho?

**Amauri -** Que nada, Seu Pedro. Meu carro está com problema de novo! Não posso fazer nenhuma manobrinha ou reduzir a velocidade que o carro pára. O senhor tem ideia do que pode ser?

**Sr. Pedro -** Hum... vamos ver! O carro faz algum barulho diferente do normal quando você o liga? Como o som de peça solta? Ou alguma coisa batendo...

**Amauri -** Não, isso não. O motor até que é bem silencioso. Mas ele pára, de repente. E então, não tem jeito de fazê-lo pegar de novo! Sempre verifico o nível de óleo quando o abasteço. Então, falta ou excesso de óleo não é. O motor e a bateria são novinhos em folha! O senhor pode dar uma olhada (fazer uma revisão) nele hoje ainda?

**Sr. Pedro -** Bem, Amauri, sinceramente, hoje não dá. Mas posso ver isso amanhã. Você pode passar aqui na oficina bem cedo?

**Amauri -** Puxa, Seu Pedro, não dá para me ajudar (não poderia ajudar-me)? Não há mesmo como "dar um jeitinho"? Deixo inclusive / até com o senhor um cheque pré-datado...

**Sr. Pedro -** Eu realmente gostaria, mas hoje é impossível. Estou com serviço até o pescoço. Você poderia deixar o carro aqui amanhã às 6:00 h? Eu prometo que já começo o serviço assim que você o deixar aqui.

**Amauri -** Posso, sim. O senhor sabe o tempo de duração do conserto?

**Sr. Pedro -** Ih, meu filho, não faço ideia / não imagino! Primeiro, preciso examinar o carro para saber qual é o problema. Só depois disso é que vou poder avaliar o tempo de serviço e o custo (do mesmo). Ainda nem sei se vou ter que comprar peças... Só vendo mesmo o estado do seu carro...Agora, diga-me: você vem mesmo amanhã, às 6 h?

**Amauri -** Pode me esperar-me que vou, sim.

**Sr. Pedro -** Ah, mais uma coisa, Amauri. Nós não trabalhamos mais com cheque.

**Amauri -** E vale-refeição, vocês aceitam? Rsrs (= lol; ha ha ha!)

**Sr. Pedro -** Também não!

**Amauri -** Nem fiado? Rsrs

**Sr. Pedro -** Fiado, nem pensar! Assim eu vou à falência! Rsrsrs. Aceitamos cartão visa, mastercard ou dinheiro, sendo que este último tem que ser à vista. Mas, não se preocupe pois, sempre cobro mais barato dos amigos.

**Amauri -** Muito obrigado, Sr. Amauri! No cartão, o senhor parcela em quantas vezes?

**Sr. Pedro -** No cartão, parcelamos em três vezes sem juros.

**Amauri -** Nesse caso, espero (esperarei) o seu orçamento e decido como é que vou pagar. Eu passo aí amanhã bem cedo. Até logo, Seu Pedro!

**Sr. Pedro -** Está bem, Amauri. Dê lembranças ao seu pai por mim. Tchau!

**Amauri -** Pode deixar que eu dou (Darei, sim/ Deixe comigo). Tchau!

# Regular Verbs ending in: - ar, - er, - ir / *Verbos regulares terminados em: - ar, - er, - ir*

**GRAMÁTICA:**

**Verbs ending in - ar**

For example: achar, ficar, planejar, poupar, economizar, guardar, chegar, almoçar, jantar, convidar, chegar (to arrive), bagunçar (to mess), etc.

**Exemplos:**

| Pronoun | ACHAR (*to think; to guess*) | FICAR (*to stay; to remain*) |
|---|---|---|
| *Eu* --------- | ach**o** | fic**o** |
| *Você* <br> *O senhor* <br> *A senhora* <br> *Ele / Ela* <br> *A gente* | ach**a** | fic**a** |
| *Nós* --------- | ach**amos** | fic**amos** |
| *Vocês* <br> *Os senhores* <br> *As senhoras* <br> *Eles / Elas* | ach**am** | fic**am** |

# Brazilian Portuguese - Beginner 2

**Verbs ending in - er**

For example: escolher, comer, beber, vender, aprender, esconder, temer, escrever, receber, esquecer, viver[6] (to leave; 'to keep/make') etc.

**Exemplos:**

| Pronoun | ESCOLHER (*to choose*) | COMER (*to eat*) |
|---|---|---|
| Eu -------- | escolho | como |
| Você / O senhor / A senhora / Ele / Ela / A gente | escolhe | come |
| Nós -------- | escolhemos | comemos |
| Vocês / Os senhores / As senhoras / Eles / Elas | escolhem | comem |

# Verbs ending in - ir

For example: partir, assistir, definir, permitir, demitir, cumprir, desistir, insistir, dividir, transmitir, garantir, decidir (to decide), decidir-se (*to decide on something; to make up ones mind*), etc

**Exemplos:**

| Pronoun | PARTIR (*to leave, to slice, e.g. 'a cake'*) | ASSISTIR (*to attend, to watch*) | CONSEGUIR (*to obtain, to get*) |
|---|---|---|---|
| Eu -------- | parto | assisto | consigo |
| Você / O senhor / A senhora / Ele / Ela / A gente | parte | assiste | consegue |
| Nós -------- | partimos | assistimos | conseguimos |
| Vocês / Os senhores / As senhoras / Eles / Elas | partem | assistem | conseguem |

---

6   **Viver + ndo** = *to keep/make + ing* (e.g. 'Ele vive comendo doce'; 'Ela vive trabalhando' / 'She keeps eating sweets'; 'She is always working')

The following two examples are both based on the verb "divertir" but carry different meanings. Note the second example is reflexive, as it refers to oneself. In English, we would use myself, himself, herself, yourself, etc.

| Pronoun | DIVERTIR (*to entertain*) | DIVERTIR-SE (*to relax, to entertain oneself*) |
|---|---|---|
| Eu --------- | divir**to** | me divir**to** |
| Você<br>O senhor<br>A senhora<br>Ele / Ela<br>A gente | diver**te** | se diver**te** |
| Nós --------- | diver**timos** | nos diver**timos** |
| Vocês<br>Os senhores<br>As senhoras<br>Eles / Elas | diver**tem** | se diver**tem** |

## Observe the difference between the verbs DIVERTIR and DIVERTIR-SE:

**Exemplos**:

- O palhaço **diverte** as crianças.
- As estórias de Monteiro Lobato **divertem** os leitores infantis.
- "A vantagem de ter péssima memória é **divertir-se** muitas vezes com as mesmas coisas boas como se fosse a primeira vez." (*Friedrich Nietzsche*)

### EXERCISE 42 / Exercício 42

**Translate and choose the verb/*Traduza e escolha o verbo***

ESCREVA:

You will need to complete this exercise in two parts. First, write the English translation for the below verbs in the space provided. Second, read the ensuing statements (a-l) and insert the appropriate conjugated form of the verb provided (in parentheses). Remember to conjugate the verbs according to the "subject of the discourse" (the thing that the sentence is refering to).

**achar** – *to believe, to find*

**ficar** –

**escolher** –

**comer** –

**partir** –

**assistir** –

**conseguir** –

**divertir** –

**divertir-se** –

**lembrar-se** –

**viver** –

**gostar** –

a. Nosso cachorro é tão medroso que _____ (ficar) encolhido num canto quando _____ (ter) visita em casa.
b. Eu não _____ (achar) que vai chover hoje, não. Mas a Ruth _____ (achar) que sim.
c. Os australianos geralmente _____ (ficar) na casa dos pais até a maioridade. Depois disso, _____ (partir) em busca de independência.
d. _____ (partir) é deixar saudade.
e. Elas _____ (dizer) que não querem engordar, mas _____ ('viver' *meaning 'to keep'*) comendo doce.
f. As crianças _____ (bagunçar) a casa toda quando _____ (chegar) da escola.
g. Eles _____ (divertir-se) muito quando _____ (visitar) os primos nas férias.
h. Aquele menino _____ (divertir) a turma inteira com suas brincadeiras. Por isso todos dizem que é 'o palhaço da turma'.
i. É muito chato _____ (comer) fora com o Arnaldo. Ele _____ (ficar) um século escolhendo o prato que quer. E no final, _____ (decidir) comer o mesmo que eu.
j. _____ (partir) o bolo agora ou mais tarde?
k. Algumas mães _____ (conhecer) tão bem seus filhos que até _____ (conseguir) ler seus pensamentos.
l. Cássia _____ (viver) reclamando das multas que _____ (receber). Porém, nunca _____ (lembrar-se) de pagar suas contas em dia.

# Chapter 9

# How to Answer Questions in Portuguese / COMO RESPONDER EM PORTUGUÊS

 **GRAMÁTICA:**

In Portuguese, when someone asks you a question, you respond using the same verb as used in the question. For instance, when asking a Brazilian if he or she "**likes**" samba the answer would be "*I like it*". Whilst in English, it is possible (and common) to simply answer "yes" or "no" to simple questions, it is more common in Portuguese to reply with the same verb.

**Observe the examples**:

P: "Você **gosta** de samba?" (Do you like Samba?)

R: "**Gosto**!" (I like!)

Having said this, if the answer is not in the (complete) affirmative, a simple negative response may be given. For example, someone may respond in the negative with: "*Não*" or "*Detesto*" or "*Odeio*" or "*Mais ou menos*", etc.

**More examples:**

P: "Você <u>vai</u> viajar mesmo amanhã?" (Are you going to travel yourself tomorrow?)

R: "<u>Vou</u>." (I go)

R: "Não" (No)

P: "Você <u>lê</u> jornal todos os dias?" (Do you read the paper every day?)

R: "<u>Leio</u>" (I read)

R: "Não" (No)

R: "Não, só nos fins-de-semana" (No, only on the weekends)

## Exercise 43 / Exercício 43

**Answering questions in affirmative and negative forms /** *Respondendo as perguntas nas formas afirmativa e negativa*

**ESCREVA:**

Now, it is your turn to practice answering questions in the affirmative and negative. Remember, when answering questions in the affirmative to use the same (conjugated form of the) verb used in the question. To help, you might find it useful to underline or highlight the verb in the question and then use it in your answer.

The first exercise has been completed for you.

1. **Você quer um cafezinho?**
   Affirmative response: *Quero, obrigado/a.*
   Negative response: *Não, obrigado/a, mas eu aceito um copo d'água.*

2. **Vocês vão assistir o jogo de futebol?**
   Affirmative response:
   Negative response:

3. **Ele te conhece?** (= *Ele conhece você?*)
   Affirmative response:
   Negative response:

4. **Você conhece o meu primo César?**
   Affirmative response:
   Negative response:

5. **A sua prova de matemática é hoje?**
   Affirmative response:
   Negative response:

6. **Você ainda está tentando aquele trabalho?**
   Affirmative response:
   Negative response:

7. **Você acha que vai chover hoje?**

   Affirmative response:

   Negative response:

8. **A sua casa fica perto daqui?**

   Affirmative response:

   Negative response:

9. **Você gosta do seu novo chefe?**

   Affirmative response:

   Negative response:

10. **Ela dá aula todos os dias?**

    Affirmative response:

    Negative response:

11. **Eles treinam no sábado?**

    Affirmative response:

    Negative response:

12. **As crianças se divertem na escolinha de futebol?**

    Affirmative response:

    Negative response:

13. **Dá para marcar uma consulta para a terça que vem?**

    Affirmative response:

    Negative response:

14. **Você me consegue um desconto?**

    Affirmative response:

    Negative response:

15. **Queremos assistir uma boa comédia. Pode recomendar / indicar alguma?**

    Affirmative response:

    Negative response:

16. **Você acha que vamos conseguir passagens mais baratas nessa agência?**

    Affirmative response:

    Negative response:

## Exercise 44 / Exercício 44

Use the vocabulary recently learnt to translate the dialogue below / *Use o vocabulário recém aprendido para traduzir o diálogo abaixo*

ESCREVA: (in pairs/ *em dupla*)

Use the verbs above and the previous vocabulary to translate the passage below into Portuguese.

**Recepcionista:** Good morning, Plaza Shopping Center, this is Fernanda. How can I help you?

**Sandro:** Good morning, can I speak with Inês please?

**Recepcionista:** Inês is not here at the moment, I guess.

**Sandro:** Are you able to confirm that please?

**Recepcionista:** Sure …She is definitely not here. Can anyone else help you?

**Sandro:** I'm afraid not. Can I leave her a message?

**Recepcionista:** Yes, sure!

**Sandro:** Can you tell her to call Sandro as soon as she arrives?

**Recepcionista:** Sure, no worries!

**Sandro:** Thanks. Have a good day!

**Recepcionista:** You're welcome! You have a good day too, sir. Bye.

## Exercise 45 / Exercício 45

**Homework/ *Dever de casa***

ESCREVA:

Review the following statements, numbered 1 to 10, in two parts. Part 1 details the first half of a statement. Your challenge is to correctly match each part 1 with the correct part 2. Write the number of Part 1 between the parentheses of the correct Part 2.

## Chapter 9 - How to Answer Questions in Portuguese

| Part 1 | Part 2 |
|---|---|
| 1. Nos fins de semana gosto de almoçar... | ( ) em 1945 |
| 2. A Segunda Guerra Mundial termina[7]... | ( ) em 2009 |
| 3. A Queda do Muro de Berlim ocorre ... | ( ) em 1996 |
| 4. Barack Obama torna-se presidente americano... | ( ) na cozinha |
| 5. O voto digital é criado no Brasil... | ( ) Sei, está no varal |
| 6. Júlio *costuma* (*uses to*) almoçar *aos domingos... | ( ) na casa dos pais |
| 7. Jussara *faz faxina* (*cleans the house*)... | ( ) em 1989 |
| 8. O livro de receitas da vovó está... | ( ) nas terças, de manhã |
| 9. Você sabe onde está minha camisa nova? | ( ) no restaurante da esquina |
| 10. O médico Alexander Fleming descobre a penicilina... | ( ) em 1928 |

* **NOTA:** "aos domingos" = "every Sunday".

---

[7] I have deliberately chosen the "Presente Permanssivo" form here instead of past tense. The Presente Permanssivo is grammatically correct to use for narratives and exposing historical facts and events in the past. In this way, you still have the chance to practice your Portuguese verbs in Present Tense.

# Chapter 10

# 1 500 reais em 6 meses

**LEIA**

Read the text below, then answer the following questions

**Economize** (*save*) **1 500 REAIS EM 6 MESES**

Praticamente *todo mundo tem na ponta da língua* porque é tão importante poupar parte do que ganha - *cuidar do próprio futuro* e de sua família, mas *nem todos transformam a teoria em prática*. E *para garantir o futuro*, é preciso *planejar*. Uma *planilha de controle de gastos* ajuda a escolher prioridades. O que não significa *adotar um comportamento avarento*. *O dinheiro foi feito* (*was made*) para ser usado. Para mostrar que é possível *reduzir despesas do dia a dia* e *economizar* 1500 reais em seis meses, *listamos* algumas pequenas *mudanças que podem ser adotadas sem sacrifício*. Se precisar de motivação extra, lembre-se (*remember*): com *a grana dá para viajar* para Porto Seguro, na Bahia, por oito dias, estudar espanhol por um semestre no Instituto Cervantes, em São Paulo, ou *investir na poupança* e *ganhar 7% ao ano*.

## EXERCISE 46 / Exercício 46

**Finding the corresponding expressions / *Encontrando as expressões correspondentes***

**ESCREVA:**

Now, find expressions in the above text that correspond to the ones below and write them in the given space. Your answers can be checked at the end of this book.

    a. Everybody knows really well.
    b. It is so important to save.
    c. To look after ones own future
    d. It is possible to travel
    e. It is possible to reduce expenses
    f. It is necessary to plan
    g. Not everybody "practices what they preach"

Which words and expressions from the previous text correspond to those, on the left, in the following table? Write the words and expressions from the preceding text in the following table, on the right. Work this out with your classmates. **(in groups of three, if possible)**

| | |
|---|---|
| economizar | |
| todas as pessoas | |
| escrevemos em uma lista | |
| depositar dinheiro em instituição para, ter a soma (o dinheiro) aumentada / depositar no banco para ter mais dinheiro no futuro | |
| sabe; sabe de memória; conhece bem | |
| registro de conta em banco para obter benefícios de juros e correção monetária na quantia depositada | |
| a economia | |
| formulário para registro de informações | |
| programar; projetar | |
| tratar do próprio futuro; assegurar o próprio futuro; considerar o próprio futuro | |
| despesas; dispêndio | |
| tornar-se "mão-de-vaca", mesquinho; deixar de ser generoso | |
| diminuir gastos; diminuir o consumo | |
| diário; do cotidiano | |
| alterações que podem ser consideradas | |
| sem sofrimento; sem privações; sem problemas | |
| o dinheiro | |
| é possível viajar; torna-se possível viajar | |

## Exercise 47 / Exercício 47

**Discussing questions / *Debatendo questões***

**CONVERSE:** (in group of three / *em grupos de três*)

In a group of 3 or more students, discuss the following questions, using the vocabulary you have already learnt.

1. O que você faz para cuidar do seu futuro?
2. Você economiza seu dinheiro? Como?
3. Você planeja o seu dia a dia? De que forma?
4. Você também adota uma planilha de controle de gastos? Como é essa planilha?
5. Que tipo de comportamento você adota para economizar seu dinheiro?
6. Como você reduz / diminui as despesas do dia a dia?
7. Como você se diverte quando está sem grana?
8. Você tem 300 dólares. Com essa grana, dá para viajar. Para onde você vai? O que você vai fazer / pode fazer nesse lugar?

## Exercise 48 / Exercício 48

**Homework / *Dever de casa***

  **Fale / Imagine**

Choose one or more of the questions from the preceding exercise and prepare a 3 minute presentation for your class. Use the space below to organise your presentation.

_____

_____

_____

_____

_____

### Exercise 49 / Exercício 49

**Listen to the track and complete the exercise** / *Escute a faixa e complete o exercício*

 **OUÇA: Track Number 5**

 **ESCREVA:**

(Source: Revista VocêS / A, July 2011.

F.Tambelini, Economize 1 500 reais em 6 meses)

**(Economize) 1 500 REAIS EM 6 MESES**

# Chapter 10 - 1 500 reais em 6 meses

Praticamente _____ _____ tem na ponta da língua porque é tão importante poupar parte do que ganha - cuidar do próprio futuro e de sua família, mas nem todos transformam a teoria em prática. E para garantir ___ _____, é preciso planejar. Uma planilha de controle de gastos ajuda a eleger prioridades. O que não significa adotar um comportamento avarento. ___ _____ foi feito (was made) para ser usado. Para mostrar que ___ _____ reduzir despesas do dia a dia e _____ 1500 reais em seis meses, listamos algumas pequenas mudanças que podem ser adotadas sem sacrifício. Se precisar de motivação extra, lembre-se (remember): com a grana dá para viajar para Porto Seguro, na Bahia, por oito dias, estudar espanhol por um semestre no Instituto Cervantes, em São Paulo, ou _____ na poupança e ganhar 7% ao ano.

### Na ponta do lápis

Com pequenos ajustes e _____ sofrimento, você pode acrescentar 1 500 reais no bolso em seis meses.

### Escolhas no supermercado

A alimentação responde, em média, por 20% dos gastos no mês. Se você gasta 300 reais com esse item, dá para _____ 10% e gastar 270 reais: opte por produtos de marca própria, promoções e verduras da estação.

### Cinema em casa

Uma vez por mês, troque o cinema e jantar por um DVD em casa com amigos. Só de entrada, pipoca e refrigerante, a _____ será de 30 reais. Cozinhando com a turma, você poupa mais 30 reais.

### Café saudável

Um desjejum com café expresso e pão com manteiga custa, em média, 5 reais. Se você comer ____ _____, guardará 100 reais por mês.

### Limite no bar

Dispense a saideira (*the nightcap*). A cerveja custa em média 5 reais. Se você fizer dois "happy hours" por mês em vez de quatro, vai _____ 10 reais e manterá a saída com os amigos e o networking.

### Na telinha ("*on the screen*")

Diminua o pacote da TV a cabo. Opte por um intermediário e economize _____ _____ 50 reais por mês.

## Observe:

|  | ECONOMIA EM UM MÊS (EM REAIS) | ECONOMIA EM SEIS MESES (EM REAIS) |
|---|---|---|
| **Supermercado** | 30 | 180 |
| **Cinema** | 30 | 180 |

| Jantar | 30 | 180 |
| --- | --- | --- |
| Café-da-manhã | 100 | 600 |
| Cerveja saideira | 10 | 60 |
| TV a cabo | 50 | 300 |
| Total | 250 | 1 500 |

| USO DA GRANA | VALOR (EM REAIS) |
| --- | --- |
| Viagem para Porto Seguro (8 dias) | A partir de 650 |
| Curso de espanhol (1 semestre) | A partir de 1 500 |
| Caderneta de poupança | 1 600 (acumulados em um ano) |

(*Source: CVC, Instituto Cervantes and banks*)

## Exercise 50 / Exercício 50

**Making Suggestions or Solutions / *Dando Sugestões ou Soluções***

ESCREVA:

**Highlight** the infinitive verbs (verbs ending in "– r") in the sentences below.

**Exemplo**: Para <u>economizar</u>, você pode <u>trocar</u> o cinema por um DVD.

1. Para economizar, você pode trocar o jantar fora por uma comida caseira com amigos.
2. Para economizar, você pode optar por produtos em promoção.
3. Para economizar, você pode escolher as frutas da estação.
4. Para economizar, você pode dispensar a saideira.
5. Para economizar, você pode diminuir o pacote da TV a cabo.
6. Para economizar, você pode assistir a um filme em casa em vez de ir ao cinema.
7. Para economizar, você pode consumir somente o necessário.

# Chapter 11

# The gerund – ING / O GERÚNDIO – NDO

**GRAMÁTICA:**

Observe that there are other ways to make suggestions in Portuguese. You only need to change the infinitive verb into gerund and you can do this by removing the final –r of the infinitive verb and adding the –ndo form to it. The –ndo form corresponds to the –ing form in English.

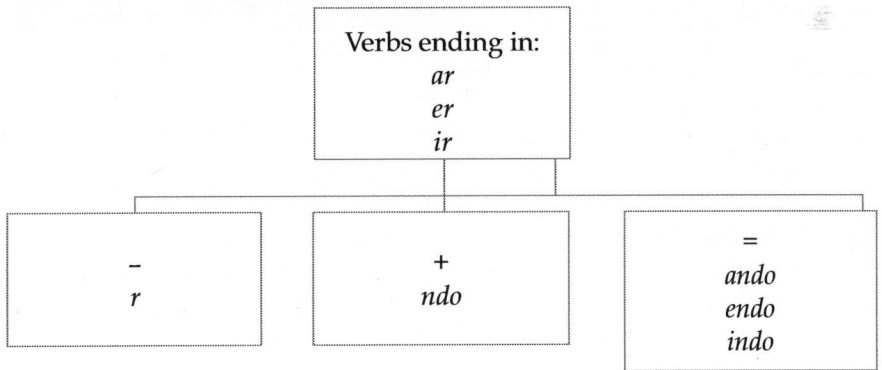

*Exemplos*:
- falar = fal**ando**
- comer = com**endo**
- sair = sa**indo**

## Remember / *Lembre-se:*
The Infinitive form in English is a verb preceded by "**to**". For example:

*to* **talk**   *to* **adore**   *to* **do**   *to* **drink**   *to* **go**

Brazilian Portuguese - Beginner 2

The infinitive form in Portuguese is a verb ending by "**r**". For example:

**fala_r_   adora_r_   faze_r_   bebe_r_   sai_r_**

## In Summary / *Em Resumo*

**to** + **verb** = *infinitive form in English*

**verb** ending in **r** = *infinitive form in Portuguese*

**Question**: *How do you transform an infinitive form into a gerund in Portuguese?*

**Answer:** replace the final "r" from the verb with "ndo". For example: *falar = falando*

### Exercise 51 / Exercício 51

**Transforming infinitive into gerund / *Passando do infinitivo para o gerúndio***

   ESCREVA:

In the table below there is a list of infinitive verbs (verbs ending in –r). Change them into the gerund form by replacing the final **–r** with **–ndo**.

| INFINITIVO (r) | GERUNDIO (ndo) |
|---|---|
| trocar | troca**ndo** |
| optar | |
| escolher | |
| dispensar | |
| diminuir | |
| comer | |
| trabalhar | |
| viajar | |
| sair | |
| comprar | |
| ficar | |
| beber | |

### Exercise 52 / Exercício 52

**Finding solutions with gerund / *Encontrando soluções com o gerúndio***

   **TALK:** (in group / *em grupo*)

## Chapter 11 - The gerund – ING

**In group**, talk to your classmates and figure out where they spend most of their money. Find a solution for them to save money by changing their activities. Follow the exemple:

**Example of a situation**:

Q: Rômulo vai ao cinema três vezes ao / por mês. Como (*How*) ele pode diminuir suas despezas?

A: *Trocando* o cinema por um DVD. / *Diminuindo* a ida ao cinema.

### Exercise 53 / Exercício 53

Matching / *Faça a correspondência*

ESCREVA:

Match each action on the left to its appropriate translation on the right.

| | | | |
|---|---|---|---|
| a. | **confiar em** | ( ) | to diminish; reduce; decrease; subside |
| b. | **melhorar** | ( ) | to augment; increase; magnify |
| c. | **diminuir** | ( ) | to worry about |
| d. | **aumentar** | ( ) | to remain; stay; be with; keep |
| e. | **assistir** | ( ) | to watch; to see; attend |
| f. | **preocupar-se com** | ( ) | to have faith in someone / something |
| g. | **tornar-se** | ( ) | to become (oneself) |
| h. | **tornar a/em** | ( ) | to start; turn into |
| i. | **viajar para/com/sem/de/por**[8] | ( ) | to improve; make better |
| j. | **ficar em/com/sem/de/a** | ( ) | more expensive |
| k. | **preocupar** | ( ) | to worry; concern |
| l. | **mais caro** | ( ) | to travel (to/with/without/by/through) |
| m. | **mais barato** | ( ) | cheaper |

---

[8] CLUE: It may be easy to remember what viajar means if you relate the action to the way it can be performed. So 'viajar' is an action usually performed "via" aeroplane, bus, car, taxi. In this way you can remember that someone is going to "viajar" to Brazil "via"... So viajar means 'to travel'.

## Exercise 54 / Exercício 54

**Matching the corresponding statements** / *Faça a correspondência entre as afirmações*

 **FALE:** (in pairs/ *em dupla*)

Work with your classmate to marry the first part of the statement, on the left, with the second part of the statement, on the right. Simply, insert the number of the first part of the statement in the parentheses of the corresponding second part of the statement.

1. **Donato pode emagrecer ...** ( ) *viajando para outros países*
2. **Rômulo pode passar mais tempo com a família ...** ( ) *dispensando a sobremesa*
3. **Flávio pode conhecer outras culturas ...** ( ) *trabalhando menos*
4. **Alexandre pode aproveitar melhor o dia ...** ( ) *estudando mais*
5. **Érica pode melhorar suas notas (*marks*)...** ( ) *acordando mais cedo*
6. **Magali pode se diminuir o estresse ...** ( ) *focalizando o lado positivo da vida*
7. **Você pode aumentar sua auto-estima ...** ( ) *preocupando-se menos*
8. **A ONU (Organização das Nações Unidas) pode melhorar as relações entre os países...** ( ) *fazendo caminhadas regularmente*
9. **Podemos nos distrair ...** ( ) *assistindo a uma boa comédia*
10. **Vilma pode tornar-se otimista ...** ( ) *confiando mais em si mesmo/a*
11. **Judith pode ficar em forma ...** ( ) *negociando a paz*
12. **Em alguns países você consegue comprar mais barato ...** ( ) *pechinchando*

## Exercise 55 / Exercício 55

**Homework/** *Dever de casa*

 **ESCREVA:**

Chapter 11 - The gerund – ING

To reinforce your learning from the preceding exercise, rewrite the completed sentences in the space provided below.

**Exemplo:** Flávio pode conhecer outras culturas viajando para outros países.

1. _____

2. _____

3. _____

4. _____

5. _____

6. _____

7. _____

8. _____

9. _____

# Chapter 12

# The Present Continuous Tense / O "PRESENTE PROGRESSIVO"

**GRAMÁTICA:**

The Present Continuous Tense in Portuguese is formed by the attachment of –**ndo** (*-ing* in English) to the infinitive form of the verb. The procedure is simple. Take any infinitive form (a verb ending in "-r"), for instance "falar". Remove the "-r" and what remains is "fala". Add "-ndo" to it. The result will be: falando (talking). See the examples below:

Remember that you say in English "I am talking, "He is eating…" etc. You have no doubt that you need to (i) add the personal pronoun "I" or "he", (ii) plus the present tense of the verb to be "am" or "is" (iii) plus a verb ending in –*ing* (it is exactly the same in Portuguese although beginner students tend to ommit the verb "to be"). Observe the examples below.

| Eu | estou | falando | | Ele | está | comendo |
|----|-------|---------|---|-----|------|---------|
| ↓ | ↓ | ↓ | | ↓ | ↓ | ↓ |
| I | am | talking | | He | is | eating |

**Exemplo:**
*Eu estou* falando *ao telefone (note: the colloquial form = no telefone)*
Translation: (***I am*** talking *on the phone*)
**Nota**: Reviewing the verb to be / *Revisando o verbo "estar"*:

| ESTAR (Verb: *to be*) | Conjugation |
|---|---|
| Eu | **estou** |
| Você<br>O senhor<br>A senhora<br>Ele / Ela<br>A gente | **está** |

# Brazilian Portuguese - Beginner 2

| Nós | estamos |
|---|---|
| Vocês  Os senhores  As senhoras  Eles / Elas | estão |

## Exercise 56 / Exercício 56

**Application of 'estar' + '-ndo' (gerund) / *Uso de 'estar' + '-ndo' (gerúndio)***

**ESCREVA:**

Answer the following questions by a) using the correctly conjugated form of the verb estar, and b) the verb / noun from within the parentheses. Note: as an example, the first question has been completed for you.

1. O que você está fazendo? (ler um livro) *(Eu) estou lendo um livro*.

2. O que Paulo está estudando este semestre? (informática) _____.

3. Maria e Antônio _____ (jogar) vôlei em Bondi Beach

4. Eu _____ (conversar) com minha mãe por telefone

5. As crianças _____ (divertir-se) muito.

6. Meu irmão e a namorada dele _____ (ir) para o México amanhã.

7. Você _____ (trabalhar) muito. Precisa de umas férias.

8. Vocês _____ (esquecer) de tirar o visto para entrar no Brasil e só falta um mês para a viagem...

9. Eu não _____ (entender) a sua insinuação.

10. O que os jogadores _____ (dizer) sobre o novo técnico?

## Chapter 12 - The Present Continuous Tense

### Exercise 57 / Exercício 57

**Ask your classmate/** *Pergunte ao seu colega de turma*

**CONVERSE:**

Practice this exercise by asking and responding to the following questions

1. O que você está fazendo agora?
2. O que a sua professora está fazendo?
3. O que os seus amigos estão fazendo?
4. O que a sua melhor amiga está fazendo agora?
5. O que você e sua família estão fazendo neste fim-de-semana (this weekend)?
6. Para onde você está indo depois da aula?
7. Você está trabalhando mais este mês?
8. Você está se exercitando mais ultimamente?
9. O que você está estudando neste semestre?
10. Você está lendo algum (some) livro interessante no momento? Qual?
11. Você está acompanhando alguma (some) série de televisão? Qual?

### Exercise 58 / Exercício 58

**Adding punctuation/** *Pontue*

**OUÇA: Track Number 6**

**ESCREVA:**

**Ditado:** Listen to the track and add the appropriate punctuation according to the pauses.

Manuela está brincando de boneca no jardim de sua casa A mãe a observa da janela sorrindo Manuela conversa com a boneca enquanto prepara sua comidinha A boneca está chorando de fome Os irmãos de Manuela brincam de carrinho ao lado dela João é o irmão mais velho Ele é o mecânico da brincadeira e está consertando um carro antigo Mário o irmão do meio é o cliente do mecânico Jairo o irmão caçula é o gerente da oficina mecânica e está supervisando o trabalho do mecânico

## Exercise 59 / Exercício 59

**Translating into Portuguese / *Traduzindo para o português***

ESCREVA:

Translate the following into Portuguese, using the clues given. Write your answers in the space provided.

a. Why are you crying? (*to cry* = chorar)

b. Why are you laughing so much? (*to laugh* = rir)

c. We are laughing at his jokes. (*about* = de / *his jokes* = as suas piadas / as piadas dele)

d. Eduardo is fixing Paul's car. (*to fix* = consertar)

e. The girl is playing with her doll. (*to play* = brincar / *her doll* = a sua boneca or dela)

f. Bob and Alice are having a coffee in the canteen. (*to have "a coffee"* = tomar)

g. He is taking his nephew to the doctor. (*to take* = levar)

h. Chico is preparing (himself) for the final exam. (*preparer-se* = to prepare "oneself" / the final exam = a prova final)

i. The birds are destroying the whole fence. (*to destroy* = destruir / *whole* = toda; inteira / *the fence* = a cerca)

j. The baby is crying because he is hungry. (*baby* = neném; bebê)

## Exercise 60 / Exercício 60

**Student A and Student B** / *Estudante A e Estudante B*

**FALE e ESCREVA:**
(in pairs / *em dupla*)

The following exercise is provided in two parts. As students will need to work in pairs for this exercise, we'll refer to each part as being for student A or student B. You should decide who will work as student A and who will be student B. Once you have agreed, please complete the exercises in your respective section. Upon completion of your exercises, you will find some questions at the conclusion of your section. These questions relate to your classmate's exercise. Please ask your classmate these questions.

## ESTUDANTE A

Pratique com o seu / a sua colega. Observe as figuras e complete os espaços vazios com a ação correspondente.

### Help with vocabularly:

Seu or senhor (sr.) = *Sir*
Dona or senhora (sra.) = *Madam / Mrs*

*Examples*:

O que ele / ela está fazendo? (*singular*)
O que eles / elas estão fazendo? (*plural*)

Use the words / phrases from the following list to complete the exercises that ensue. The words are out of order.

| | | |
|---|---|---|
| andar a cavalo | viajar | fazer 2 anos |
| voltar de ônibus para casa | andar de skate | andar de biclicleta |
| tomar (um) cafezinho | conversar | ler |
| fazer aniversário | casar-se ("se casando") | |
| ouvir música, cantar e dançar | tomar água de coco | |

Brazilian Portuguese - Beginner 2

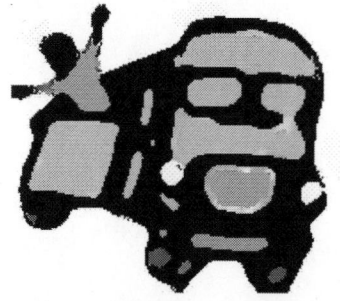

1. Márcio

   _____

2. As crianças

   _____

3. O menino

   _____

4. Gabriel

   _____

5. Lívia

   _____

## Chapter 12 - The Present Continuous Tense

6. A dona (sra./*mrs.*) Nair

   _____

7. Paulinho

   _____

8. O seu (sr./mr.) Everaldo e a dona Therezinha

   _____

9. Rita

   _____

Brazilian Portuguese - Beginner 2

10. O casal Guimarães

　　_____

　　(*The couple Guimarães*)

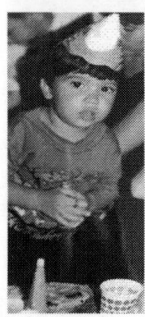

11. O neném

　　_____

12. Cristiano

　　_____

Now, the following information refers to student B's exercise, which should have been completed by your classmate.

You may now use this information to ask your classmate about his / her exercise. Note: the first singular and plural examples have been provided for you.

**Ask your classmate/ *Pergunte ao seu ou à sua colega***
**O que *o menino* está fazendo ...  O que *os homens* estão fazendo ...**
*o menino*　　　　　　　　　*os homens*
*Jessica*　　　　　　　　　　*as crianças*
*o rapaz*　　　　　　　　　　*os rapazes*
*a moça*　　　　　　　　　　*a mãe e o neném*
*Georgina*　　　　　　　　　*a mãe e a filha*
*Érica*
*Edson*

# ESTUDANTE B

Pratique com o seu / a sua colega. Observe as figuras e complete os espaços vazios com a ação correspondente.

**Help with vocabularly:**

Seu or senhor (sr.) = *Sir*
Dona or senhora (sra.) = *Madam / Mrs*

*Examples*:

O que ele / ela está fazendo? (*singular*)
O que eles / elas estão fazendo? (*plural*)

Use the words / phrases from the following list to complete the exercises that ensue. The words are out of order.

| | | |
|---|---|---|
| jogar carta | andar de caiaque | dormir na rede |
| tirar retrato | olhar a paisagem | fazer aniversário |
| dar uma caminhada | ler | esquiar |
| correr | brincar de estilingue | olhar-se no espelho ("se olhando no espelho") |
| abraçar-se ("se abraçando") | jogar futebol | |

1. O menino _____

2. Os homens _____

# Brazilian Portuguese - Beginner 2

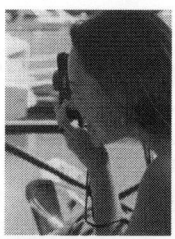

3. Jessica

   _____

4. As crianças

   _____

5. Os rapazes

   _____

6. O rapaz

   _____

7. A moça

   _____

## Chapter 12 - The Present Continuous Tense

8. Georgina

   _____

9. A mãe e o neném

   _____

10. Érica

    _____

11. A mãe e a filha

    _____

12. Edson

    _____

Now, the following information refers to student A's exercise, which should have been completed by your classmate.

You may now use this information to ask your classmate about his / her exercise. Note: the first singular and plural examples have been provided for you.

Ask your classmate / *Pergunte ao seu ou à sua colega*

| O que *Márcio* está fazendo? (singular) | O que *as crianças* estão fazendo? (plural) |
|---|---|
| *Márcio* | *as crianças* |
| *o menino* | *o seu* (sr./ mr.) *Everaldo e a dona Therezinha* |
| *Gabriel* | |
| *Lívia* | |
| *a dona (sra./mrs.) Nair* | |
| *Paulinho* | |
| *Rita* | |
| *o casal Guimarães* | |
| *o neném* | |
| *Cristiano* | |

### EXERCISE 61 / Exercício 61

**Howework / *Dever de casa***

 OUÇA: Track Number 7

 PRÁTICA ORAL:

**Who is doing what? / *Quem está fazendo o quê?***

Answer the questions according to the models below. *After that,* listen to the track number to assess your scores.

Chapter 12 - The Present Continuous Tense

> **Exemplo 1:**
>
> Question: Quem está dançando? (Who is dancing?)
>
> Answer: Cláudio e Suely (or) Cláudio e Suely estão dançando
>
> **Exemplo 2:**
>
> Question: Quem está fazendo cooper? (Who is jogging?)
>
> Answer: Janaína. (or) Janaína está fazendo cooper.

**Now it is your turn to answer! / *Agora é a sua vez de responder!***

Write your answers to the following questions in the space provided. Use the words within the parentheses to form your answers.

a. Quem está tocando violão? (<u>Rubens</u>)

b. Quem está velejando? (<u>Marina</u>)

c. Quem está jogando carta? (<u>Cecília e os amigos dela</u>)

d. Quem está se formando? (<u>Os alunos</u>)

e. Quem está vestindo a noiva? (<u>A costureira</u>)

f. Quem está se vestindo? (<u>O homem</u>)

g. Quem está andando de bicicleta? (<u>Enrique</u>)

h. Quem está tomando banho? (<u>Ricardo</u>)

i. Quem está fazendo 1 ano hoje? (<u>Camila</u>)

j. Quem está barbeando o cliente? (<u>O barbeiro</u>)

k. Quem está viajando? (<u>O casal Guimarães</u>)

l. Quem está se barbeando e se maquiando? (<u>O seu Everaldo e a dona Therezinha</u>)

m. Quem está esquiando? (<u>O pai e as crianças</u>)

**Now it is your turn to ask the questions / *Agora é a sua vez de perguntar***

Write questions for the following answers. Remember to use the nouns and verbs from the answers to help form your questions. The first exercise is done to help you.

1. **Quem está lendo o jornal?**
   Renan está lendo o jornal.

2. _____?
   Tainá está aprendendo a ler.

3. ?
   Marcela está brincando com as crianças no parque.

4: ?
   Karina está cuidando de um paciente.

5. ?
   Nós estamos conversando há duas horas.

6. ?
   Minha mãe está preparando o jantar.

7. ?
   Meu primo está aniversariando hoje.

8. ?
   A gente está indo a uma festa.

9. ?
   Nós estamos indo a uma festa no sábado.

10. ?
    Joana e Fausto estão dormindo.

11. ?
    Sara está amamentando o neném.

12. ?
    Robson está fazendo o bebê dormir.

13. ?
    Dora está tremendo de frio.

### Exercise 62 / Exercício 62

**More oral practice / *Mais prática oral***

 **FALE:**

Work in pairs to practice asking and answering questions. Feel free to be as artistic as you like with your answers, which you may base on fictional characters, friends, family, celebrities or even royalty.

Questions starting with the relative pronoun "***quem***" + "***está***" (*Who* + *is*) require this verb (*estar*) in singular even when there is more than one subject. Even if the answer is in plural, the question will always be in singular.

**Exemplo 1:**

P. Quem está cantando no chuveiro? (Who is singing in the shower?)

R. Meu vizinho (or) Meu vizinho está cantando no chuveiro.

Chapter 12 - The Present Continuous Tense

**Exemplo 2:**

P. Quem está fazendo café? (Who is making coffee?)

R. Susana (or) Susana está fazendo café.

### Estudante A to ask Estudante B the following questions:

*Quem está ...*  aprendendo samba (or: aprendendo a sambar)
tomando uma caipirinha
voltando para casa agora
tocando cavaquinho muito bem
fazendo 21 anos este mês
se casando amanhã
andando de biblicleta todos os dias
indo para o trabalho de ônibus
correndo na praia nos fins-de-semana
namorando sério

### Estudante B to ask Estudante A the following questions:

*Quem está...*  jogando capoeira
aprendo a dirigir
tocando violão na sala-de-estar
escrevendo uma carta de amor
dando uma caminhada agora
velejando no fim-de-semana
fazendo churrasco no domingo
aprendendo português este ano
terminando a faculdade
procurando trabalho

## EXERCISE 63 / Exercício 63

Working with the Present Continuous Tense / *Trabalhando com o 'Presente Progressivo'*

**ESCREVA:**

1. Prepare the appropriate question for the answer given in the following exercises. Remember from previous exercises, you may wish to use the same verb / noun in the question(s) as you see in the response(s).

**P. O que você está fazendo?**
**R. Eu estou torrando o pão.** (or "Eu estou tostando o pão")

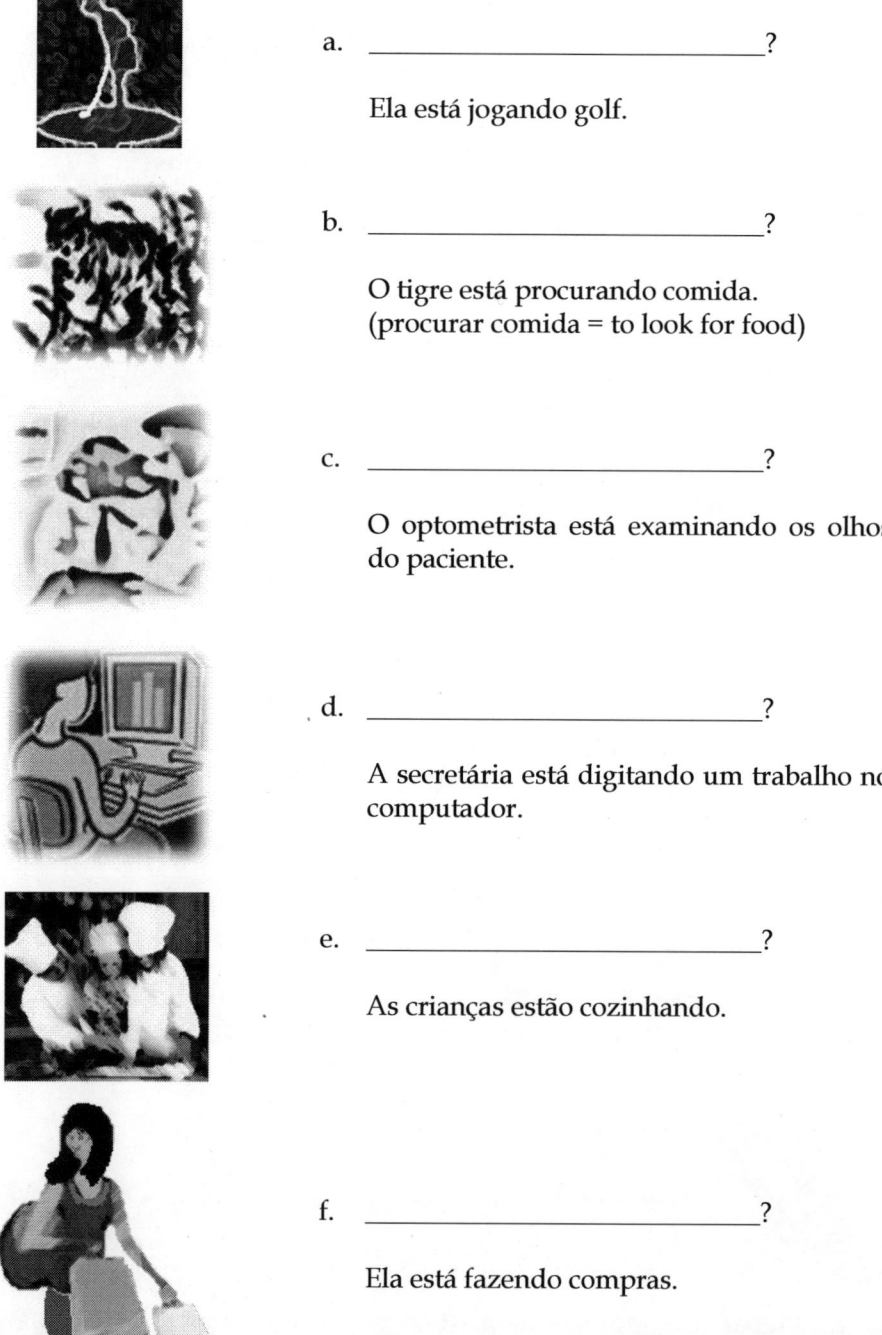

a. _____?

Ela está jogando golf.

b. _____?

O tigre está procurando comida.
(procurar comida = to look for food)

c. _____?

O optometrista está examinando os olhos do paciente.

d. _____?

A secretária está digitando um trabalho no computador.

e. _____?

As crianças estão cozinhando.

f. _____?

Ela está fazendo compras.

g. _____?

Ele está tomando banho.

2. Provide responses to the following questions. To help you, the action being performed is in parentheses. Take note of the example given below, remember you may wish to use the same verb / noun in your responses as are used in the questions.

**Example:**

**P. O que ela está fazendo?**
**R. Ela está meditando. (meditar)**

1. O que eles estão fazendo?
   _____.
   (vender bolo)

2. O que a mãe está fazendo?
   _____.
   (passar protetor solar na filha)

3. O que nós estamos fazendo?
   _____.
   (jogar totó)

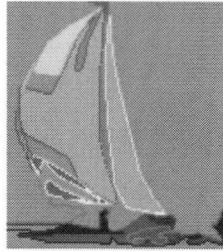

4. O que Jessica Watson está fazendo?
   _____.
   (velejar)

5. O que eles estão fazendo?
   _____
   (formar-se)

# Chapter 13

# The Adverbs / OS ADVÉRBIOS

### GRAMÁTICA:

An adverb is an <u>invariable word</u> that <u>complements</u> a <u>verb</u>, an <u>adjective</u> or other <u>adverb</u>. In other words, an adverb "modifies" (or "provides more information" about) a verb, an adjective or other verb. You can see how it takes effect by comparing these sentences: "*She is rich*" and "*She is **very** rich*". The last sentence is slightly different from the first as the word "*very*" – which is an *adverb*, modifies the word "*rich*" – which is an *adjective*. In the sentence above, "very" complements "rich", intensifying (*She is not only rich, she is <u>very</u> rich*). In Portuguese, it would be: "Ela é <u>muito</u> rica".

An adverb expresses the circumstance of the verbal process. This circumstance can be represented by *intensity, time, place, manner, negation, affirmation,* and *doubt*. Thus, an adverb can be referred to as an *adverb of intensity*, an *adverb of time*, and so on.

Exemplos: 
- **Intensidade:** Ele é um médico *muito* bom.
- **Tempo:** Ele chegou *tarde*.
- **Lugar:** A aula começa *amanhã*.
- **Modo:** Ele está *bem*.
- **Negação:** Ele *não* fala com o irmão.
- **Afirmação:** Ele *realmente* vem.
- **Dúvida:** *Talvez* eu viaje.

| ADVÉRBIO DE... | |
|---|---|
| intensidade | mais, menos, bastante, bem, meio, muito, tão, quase, exageradamente (and others ending in –mente, if they express intensity, etc. |
| tempo | hoje, amanhã, ontem, anteontem, agora, já, antes, depois, cedo, tarde, ainda, logo, sempre, etc. |

| | |
|---|---|
| **lugar** | aqui, aí, ali, lá, perto, longe, junto, atrás, dentro, fora, atrás, acima, abaixo, adiante, através, além, onde, etc |
| **modo** | bem, mal, ruim, pior, melhor, devagar, depressa, rápido, assim, facilmente, completamente, educadamente, rudemente, (and others ending in – mente, "-ly" in English, if they express manner), etc. |
| **negação** | não, nunca, nada, jamais, absolutamente (and others ending in –mente, if they express negation), etc |
| **dúvida** | talvez, acaso, provavelmente, possivelmente (and others ending in –mente, if they express doubt), etc |

### Exercise 64 / Exercício 64

**Identifying the adverbs / *Identificando os advérbios***

**ESCREVA:**

Underline the adverb(s) of each sentence, and classify it(them) / *Sublinhe o(s) advérbio(s) em cada frase e classifique-o(s)*

1. A aula já vai começar.
2. Miriam está bem melhor da gripe.
3. Está chovendo torrencialmente.
4. O céu está nublado hoje.
5. Os apaixonados se olham demoradamente.
6. Minha casa está logo ali.
7. Ele sempre sai de casa cedo.
8. Meu carro não está longe.
9. A polícia à paisana (*in plain clothes*) age discretamente.
10. Alguns políticos roubam (*steal*) descaradamente.

## Adverbs ending in 'ly' / *Advérbios terminados em 'mente'*

**GRAMÁTICA:**

An adverb is an <u>invariable</u> word that modifies an adjective, a verb or other adverb. Adverbs usually add different ideas or circumstances to a sentence. When an adverb modifies an adjective it brings the idea of "intensity".

# Chapter 13 - The Adverbs

**Exemplos:** "O filme é **muito** bom." (*The movie is **very** good*)
⇩ ⇩
(Adv.) (Adj.)

"A casa está **ricamente** decorada." (*The house is **richly** decorated*)
⇩ ⇩
(Adv.) (Adj.)

**DICA:** In English, most adverbs end in "**ly**", in Portuguese, these adverbs typically end in "**mente**".

Remember that not all words ending in "*ly*" will have an equivalent in Portuguese ending in "*mente*". For instance, the corresponding adverb for "*timely*" in Portuguese is "*oportuno*" and for "*costly*", "*caro*".

**Exemplo 1:** tota**lly** = total**mente**
norma**lly** = normal**mente**
forma**lly** = formal**mente**

**Exemplo 2:** basica**lly** = basica**mente**

## Challenge yourself!

Note that in the *Exemplo 1* the particle "**ly**" was removed from the English words and replaced by the word "***mente***". By doing this, you can "guess" several Portuguese adverbs. It works for most words derived from Latin. That's why they are so similar!

In the *Exemplo 2*, the particle "**lly**" was removed. Can you guess why?

**Solução...** The words "total", "normal" and "formal" in their primary (noun / adjective) ending in "l". So in Portuguese, we must keep the noun or adjective as it is and just add "-mente" to it.

In the second case, we need to find the noun or adjective, pass it to the feminine form and then add "-mente" to it. The female gender of "básico" is "básica". We keep the word "basica", but remove its accent. The result is "***basicamente***".

### Exercise 65 / Exercício 65

**Guess / *Adivinhe***

**ESCREVA:**

Refer to the below adverbs in English and try to guess the corresponding adverb in Portuguese, using the previous description as a guide.

regularly = regular_ _ _ _ _
formally = formal_ _ _ _ _
automatically = _____
artificially = _____
finally = _____
periodically = _____
generally = _____
basically = _____

terribly = terrivelmente
beautifully = lindamente
faithfully = lealmente (***BUT*** use "*atenciosamente*" when writing letters)

consequently = consequente_ _ _ _ _
unluckily = infeliz_____
luckly = _____
urgently = _____
correctly = corretamente
differently = _____
indifferently = _____

**DICA:** "ll", "cc", "tt", "pp", "mm" and "ff" belong to "foreign languages". So remember to transform them into only one letter to make it sound "Portuguese".

**Exemplos:** normally → normalmente
differently → diferentemente
appropriately → apropriadamente,
communally → comunitariamente, etc

**NOTA:** Some English adverbs are slightly different in Portuguese. You should find the noun or adjective in Portuguese and then add the word "-mente" to it. If the Portuguese adjective has both male and female genders, choose the female gender, and add the suffix "-mente" to it. Examples: "terna = ternamente", "amistosa = amistosamente", etc.

## Chapter 13 - The Adverbs

**Exemplos:**

| | | |
|---|---|---|
| terribly | = | terrivelmente |
| cheerfully | = | alegremente |
| temporarily | = | temporariamente |
| tenderly | = | ternamente |
| kindly | = | amavelmente |

### Exercise 66 / Exercício 66

**Find the equivalent adverbs/** *Encontre os advérbios equivalentes*

**ESCREVA:**

Find the equivalent adverbs in Portuguese. Do you remember how? Firstly, find the noun or adjective. Then, transform it into an adverb by adding the end –"mente" to it. Remember that for words with gender, you will need to choose the "feminine" form.

| *English* | *Português* | *Português* |
|---|---|---|
| **normally** (adverb) | **normal** (adjective) | **normalmente** (adverb) |
| **generally** (adverb) | **geral** (adjective *) | **geralmente** (adverb) |

* you need to find the equivalent word in Portuguese as they can slightly differ

usually _____

frequently _____

easily _____

hardly _____

quickly _____

hurriedly _____

slowly _____

eventually _____

officially _____

luckly _____

totally _____

completely _____

appropriately _____

exactly _____

privately _____

## Exercise 67 / Exercício 67

**An interview / *Uma entrevista***

OUÇA: Track Number 8

ESCREVA:

Listen to the given information and write it down. (Just the main information – NOT the entire sentence)

a. O que você faz geralmente no fim-de-semana?
b. Que lugares você visita frequentemente?
c. Que atividades você desenvolve facilmente?
d. O que você dificilmente faz?
e. Que atividades você desenvolve lentamente?
f. Que parentes (relatives) você só vê ocasionalmente?
g. Que esporte você pratica regularmente?
h. O que você diz, constantemente, que não vai mais fazer, mas sempre faz novamente?
i. Você sempre passa o Natal com a família?
j. Você costuma viajar no Ano Novo?
k. Por quê você não pode viajar neste momento?
l. Como você se comporta socialmente?
m. Como você se comporta profissionalmente?
n. Como você reage normalmente à críticas?

## Exercise 68 / Exercício 68

**An informal chat / *Um bate-papo***

CONVERSE:

Now, practice asking and responding to the following questions with your classmate:

1. O que você geralmente faz nos fins-de-semana?
2. Você vê sua família frequentemente?
3. Você normalmente almoça com sua família na Páscoa (Easter)?
4. Que parentes (relatives) você só vê ocasionalmente?
5. Que país você vai conhecer, definitivamente, este ano?
6. O que você faz todos os dias, automaticamente?
7. Você levanta cedo, facilmente?
8. Que atividades você consegue (you're able to) desenvolver rapidamente no seu trabalho?
9. Quando chove muito e a visibilidade é pouca, o trânsito fica <u>lento</u>. Isso acontece porque os motoristas dirigem _____ (advérbio de lento).
10. Como se comporta com uma pessoa emocionalmente instável (unstable)?
11. O que você diz, constantemente, que não vai mais fazer, mas sempre faz novamente?
12. O que você normalmente faz depois da aula?
13. O seu empregador paga bônus anualmente?
14. No Brasil, o salário é depositado mensalmente na conta corrente dos funcionários. E no seu país?
15. Você está praticando algum esporte ultimamente? Qual?
16. Você está lendo algum livro interessante atualmente? Qual?
17. Você está acompanhando alguma série de televisão semanalmente? Qual?
18. A bola é, tipicamente, o primeiro presente do menino brasileiro. E no seu país?

## READING / *LEITURA*

**LEIA:**

Read the following adapted text and answer the questions that ensue.

*Caros amigos,*

*Tenho à venda ingressos para o desfile das escolas do Grupo Especial. São 4 ingressos para a 2ª feira (20/02) e 1 para o domingo (19/02).*

*Os ingressos são para o setor 10. Este setor já está reformado e agora está com a mesma visão do disputado setor 11\*, além de estar localizado de frente para o recuo das Baterias. Este setor é normalmente meio caro. Mas, no momento, está por um preço bem bacana (R$ 260,00)!*

*Caso alguém tenha interesse, favor me responder ou ligar para o meu celular.*

*Favor repassar para os amigos.*

*Abraços,*

***Rafael***

Brazilian Portuguese - Beginner 2

\* O setor 11 é ao lado do recuo da bateria. Ou seja, vc fica boa parte do tempo ouvindo a bateria bem de perto e vendo os ritmistas

### Exercise 69 / Exercício 69

**Text comprehension/** *Compreensão de texto*

ESCREVA:

a. How would you write "Dear friends" in Portuguese? _____
b. When writing to a female friend one can open a letter with this expression "_____"
c. How would you say "ticket" in Portuguese? _____
d. Find the passage where it says "I'm selling tickets" _____
e. How would you say literally "I'm selling tickets" in Portuguese. Tick the right ones:
   (a) Tenho ingressos para vender
   (b) Vendo ingressos
   (c) Estou vendendo ingressos
   (d) Tem ingressos à venda
   (e) Acho que vou ter ingressos para vender
f. "À venda" means _____
g. According to the text, what is "on sale"? _____
h. How can you contact Rafael in case you are interested? _____
   (ex.: *I can* ...) Eu posso ...
i. If the tickets are not "caros" they are...
   ( ) barato    ( ) baratos    ( ) caro
j. Find the passage where Rafael says "for a very good price" _____
k. In "o disputado setor 11", disputado means...
   ( ) rejeitado    ( ) solicitado    ( ) "sem um puto"
l. O setor 11 é muito disputado porque...
   ( ) possui bancos confortáveis
   ( ) tem cadeiras reclináveis
   ( ) oferece bebida grátis
   ( ) oferece uma boa visão do desfile
   ( ) oferece uma visão ruim do desfile

## Chapter 14

# Formal or informal?

### Exercise 70 / Exercício 70

**Formal or informal?** / *Formal ou informal?*

    **LEIA e ESCREVA:**

**Observe** the following letters and write **(F)** for formal and **(I)** for informal text. Circle the text that you believe are particularly formal or informal. Discuss your choices with your classmates and teacher.

> **Prezado Sr. e Sra. Cardoso,**
>
> É com grande satisfação que as famílias *Bittencourt Silva* e *Hildegard Cavalière* convidam V.Sa. e distinguida família para o enlace matrimonial de nossos filhos
>
> **Margareth e Fábio**
>
> A realizar-se no dia 27 de setembro, às 18 horas, na *Igreja da Candelária*. Após a cerimônia, os noivos receberão os cumprimentos no *Hotel Glória*.
>
> ( )

**Cara Alessandra,**

Já faz bastante tempo que você não aparece por aqui. Vou dar uma festa por ocasião do meu aniversário no dia 13 de abril. Gostaria muito de contar com a sua presença. Vai ser na minha casa, às 20 horas.

Espero vê-la e matar a saudade da minha amiga sumida.

Beijos,

**Amélia**

( )

*Ilustríssimos Sr. e Sra. D'ávila,*

A família Rossini tem a honra de convidar V.S.as para celebrar a recente condecoração de seu filho, o **Coronel Rossini**.

Contamos com a sua inestimável presença no jantar de gala que ofereceremos no *Hotel Meridien*, às *20 horas* do dia *10 de outubro* do corrente.

Aguardando confirmação de sua presença, subscrevemo-nos com a estima de sempre.

Atenciosamente,

*Sr. e Sra. Rossini*

( )

**Queridos Andreza e Romário,**

Felicitações pelo novo neném. Posso imaginar a alegria que estão sentindo com a chegada do primeiro herdeiro.

Aguardo com ansiedade o dia de conhecer o pequeno Fabrício.

Um grande abraço,

**Vera e família**

( )

Chapter 14 - Formal or informal?

# Read the following letter / *Leia a carta abaixo:*

LEIA:

Oi Daniel,

Espero que esteja bem!

Chegamos em Friburgo anteontem. Estamos no apartamento do Carlos. O apartamento é lindo e aconcheante: tudo bem arrumado, com flores enfeitando todos os cômodos! A janela do quarto em que estamos dá para a piscina do condomínio - o que é bastante conveniente, pois podemos vigiar as crianças enquanto brincam.

O nosso amigo é um ótimo anfitrião. E continua sendo aquele romântico inveterado dos velhos tempos... Quando chegamos, tinha até champagne em nosso quarto e pétalas de rosa espalhadas pela cama. Dá para acreditar nisso?

O Carlos tem uma namorada extremamente simpática, bonita e inteligente. Ela se chama Hanna e está morando com ele agora. Faz um ano e meio que eles estão juntos. Eles se dão super bem... Acho que isso vai dar em casamento! Hanna faz Engenharia na Universidade Federal Rural do Rio e Janeiro e está no último ano do curso. Ela está no Brasil como aluna bolsista através de um programa de intercâmbio que existe entre as universidades brasileiras e australianas.

Caramba, já vão dar 3 horas![9] Vou terminando por aqui porque eu e Adriana estamos indo agorinha mesmo fazer compras. Ela quer comprar todo o enxoval do bebê. Puxa, você sabe como eu detesto ir a Shopping Centers, né? Bem, vou tomar coragem para acompanhá-la porque dizem que não se deve ignorar o desejo de uma mulher grávida! Principalmente quando se trata da sua!

Bem, meu querido, estas são as últimas novidades. Logo te conto mais!

Um grande abraço, André Luiz

---

9 "O relógio já vai dar 3 horas!" – "vai" in singular form because it refers to the clock which is also singular. The clock or watch is the one who gives the time. "O relógio" is the subject of this sentence. However, there is no subject in the sentence "Já vai dar 3 horas" and thus the verb "ir" agrees with the noun 'hours', that appears in plural form.

### Exercise 71 / Exercício 71

**Andre's letter / *A carta de André***

**ESCREVA:**

Please provide complete answers. You can take advantage of the questions to build your answers. Just as a construction site uses blocks or bricks for a building, build your responses by using blocks of words. The highlighted words can serve as a guide. The first answer is provided as an example.

- Qual é o estilo da carta de André Luiz? (formal ou informal?)
  R: *O estilo da carta de André Luiz é informal.*

- Que aspectos de informalidade você observa na carta acima? (*Answers can vary*)
  R:

- Neste momento, onde estão André e Adriana?
  R:

- De acordo com o texto, como é o apartamento de Carlos?
  R:

- Quem está morando com Carlos?
  R:

- Encontre no texto expressões com o verbo « dar » significando o seguinte (*meaning the following*) :

*They get along very well!* -

*Can you believe that?* -

*The window faces the swimming pool* -

*I think that there will be a wedding soon* -

*Wow, it's nearly 3 p.m.!* –

- Como você diria (*How would you say*) « Andre's wife is pregnant »?
  R:

- O que você entende por «enxoval de bebê»?
  R:

- Você gosta de 'Shopping Centers'? Por quê?
  R:

Chapter 14 - Formal or informal?

- Você sabe qual é o equivalente da expressão «né = não é?» em inglês? (in this context)
  R:

- Hanna tem uma «bolsa de estudos». Ela é, portanto, uma aluna _____.

- O que Hanna estuda na Universidade ?
  R:

**EXERCISE 72 / Exercício 72**

**Writing a postcard/** *Escrevendo um cartão-postal*

**ESCREVA:**

How often do you write letters to your friends? Try to write a short letter or a postcard to one of your friends using some of what you have already learned. Invite your friend to an important event, such as a birthday, anniversary, graduation, which is about to happen.

Brazilian Portuguese - Beginner 2

## Exercise 73 / Exercício 73

**Walking on the beach / *Passeando na praia***

**ESCREVA:**

Describe the scene below and write what each person is doing.

_____
_____
_____
_____
_____
_____
_____

# Chapter 15

# Worldly Customs / COSTUMES NO MUNDO

**O que se deve fazer? / O que não se deve fazer?**
(*What should you do? / What you should not do?*)

Conhecer os costumes de um povo pode evitar constrangimentos e desentendimentos além de poder facilitar negociações ou ... arruiná-las! Troque informações com seus colegas acerca de alguns dos costumes dos países abaixo.

| | | | | | |
|---|---|---|---|---|---|
| **NA** | China<br>Indonésia<br>Turquia<br>Nova Zelândia<br>Austrália<br>Argentina<br>Espanha<br>Arábia Saudita<br>Índia<br>Rússia<br>Ucrânia<br>Itália<br>Jordânia<br>Etiópia<br>Guatemala | **NO** | Brasil<br>Panamá<br>Egito<br>Oriente Médio<br>Vietnam<br>México<br>Afeganistão<br>Paquistão<br>Sudão<br>Congo<br>Timor Leste<br>Japão<br>Canadá<br>Chile<br>Paraguai | **EM** | Cuba<br>Portugal<br>Marrocos<br>Laos<br>Cambodia<br>Honduras<br>Burma |
| **NAS** | Bahamas | **NOS** | Estados Unidos | | |

## Exercise 74 / Exercício 74

**About habits and customs.../** *Sobre hábitos e costumes...*

 **CONVERSE: (in group/** *em grupo***)**

Do you know something about the habits and customs of the people from other countries? Choose 5 countries from the square (above) and talk to your classmates about them. Prior to that, write down in the space below the name of the countries of your choice. Then, write a brief note about their customs.

 **LEIA: Read the following texts paying special attention to what one should or should not do whilst visiting other countries.**

Conhecer a cultura alheia (*of the others*) antes de viajar

Viajar, visitar outros países e conhecer outras culturas é uma experiência única. A língua, a gastronomia e o *vestuário* são aspectos culturais facilmente observáveis quando viajamos. Entretanto, outros aspectos não são tão evidentes à primeira vista. É o caso da etiqueta, por exemplo. A "etiqueta", também chamada de *"regras de conduta"*, *faz parte da* cultura e história de um povo. É através da etiqueta que conhecemos os *hábitos e costumes* do nativo *estrangeiro*.

Os provérbios comprovam a importância da etiqueta e de sua prática em sociedade. É por isso que muitos dizem que *"Em Roma, como os romanos"* ou *"Em terra de sapo, de cócoras como ele"*. Na verdade, é a necessidade de aceitação em sociedade que fomenta o uso das regras. Para ser aceito em qualquer grupo, é preciso aderir-se às suas regras, certo? *Caso contrário*, você se torna um *dissidente* ou um indivíduo *"marginalizado"* para aquele grupo.

Ocorre algo semelhante quando viajamos. No Japão, por exemplo, você deve *cumprimentar* as pessoas curvando-se. Assim *"manda a etiqueta"*, é o protocolo daquele país. Então, nada de beijinhos nem abraços! Deixe isso para a sua visita ao Brasil! No Brasil, geralmente, damos dois ou três beijos em situações informais.... ao chegar e ao sair!

Nos Estados Unidos o símbolo 👌 por exemplo, significa que tudo está OK ou conforme o esperado. Já no Brasil, esse gesto é usado como um insulto.

Saber o que é permitido ou não em outras culturas é uma maneira de se evitar gafes ou mal-entendidos. Por isso, antes de viajar, é aconselhável se informar sobre o que deve-se ou não fazer no seu país de destino. Dessa forma, você pode *tirar o melhor proveito de* (*take the best of*) suas viagens.

Chapter 15 - Worldly Customs

### Exercise 75 / Exercício 75

**Expanding your vocabulary / *Aumentando o seu vocabulário***

**ESCREVA:**

In the preceding text, find and write down the equivalent of the following words and expressions.

*to greet* =

*clothing* =

*at first glance* =

*behavioural rules* =

*is part of / takes part in* =

*people* =

*habits and customs* =

*foreigner* =

*if not* =

*it is the protocol* =

### Exercise 76 / Exercício 76

**Follow the model / *Siga o modelo***

**LEIA e ESCREVA:**

Complete the following sentences according to the model.

**No Japão, deve-se <u>limpar as mãos com uma toalhinha</u> na hora das refeições.**

1. No Japão, deve-se _____ (*eat soup*) fazendo barulho.

*One should ...*　　　　*One should not ...*
**DEVE-SE** + verb ending in 'R'　**NÃO SE DEVE** + verb ending in 'R'

2. No Japão, deve-se _____ (*remove the shoes*) ao entrar nas casas.
3. No Japão, deve-se _____ (*bend over*) ao cumprimentar as pessoas.
4. No Japão, não se deve _____ (*to tip*)
5. No Japão, não se deve _____ (*greet people by kissing them*)

## GRAMÁTICA:

Another way to say "NÃO SE DEVE..." ("*ONE SHOULD NOT ...*") is to remove the negative particle "NOT" and to add the word "EVITAR" (*TO AVOID*). So instead of saying "*One should not...*" you could say "*One should avoid...*" which in Portuguese is expressed as "Deve-se evitar...". See the following example:

**LEMBRE-SE:** **deve-se** + **evitar** + *any verb ending in* "**r**"

**Exemplo**: No Japão, *deve-se evitar* dar gorgeta

### Exercise 77 / Exercício 77

**Circle what one should not do / *Circule o que não se deve fazer***

**ESCREVA:**

In the text below, circle what one ***should not do*** when visiting Japan. As an example, the first one is done for you.

**No Japão,**

~~Não se deve *encarar* (*stare at*) as pessoas~~ pois, isso é visto (*is seen*) como falta de respeito. ~~Não se deve beijar~~ nem abraçar as pessoas ao cumprimentá-las. Em vez disso, você deve curvar-se (curvar ligeiramente o corpo). Não se deve falar em voz alta. Deve-se respeitar os mais velhos – eles tem prioridade na sociedade japonesa. A pontualidade também faz parte do protocolo: não se deve deixar *ninguém* (*nobody*) esperando. Deve-se *tirar* (*remove*) os sapatos ao entrar em sua casa e nas casas de outras pessoas. E Não se deve dar gorjeta em ocasião alguma!

Chapter 15 - Worldly Customs

### Exercise 78 / Exercício 78

**One should avoid / *Deve-se evitar* + "r"**

**ESCREVA:**

What one should not do when visiting Japan? Find this information in the preceding text and write it down according to the model below (a). Then, write another way to convey the same information as in (b)

(a) NÃO SE DEVE ENCARAR AS PESSOAS
(b) DEVE-SE EVITAR ENCARAR AS PESSOAS

(c) _____
(d) _____

(e) _____
(f) _____

(g) _____
(h) _____

### Exercise 79 / Exercício 79

**To talk / *Para falar***

 **FALE:**

Use the information you have from the preceding exercises and talk to your classmate(s) about the countries and places where the following acts of etiquette are considered to be important.

1. ____ _____, *deve-se* tirar os sapatos ao entrar em casa.
2. ____ _____, *não se deve* olhar demoradamente para as pessoas.
3. ____ _____, deve-se usar somente a mão esquerda para a higiene íntima pessoal.
4. ____ _____, deve-se palitar os dentes depois das refeições.
5. ____ _____, os homens não devem sentar com as pernas muito abertas.
6. ____ _____, deve-se deixar um pouco de comida no prato.
7. ____ _____, deve-se beijar as pessoas ao chegar e ao sair.
8. ____ _____, deve-se dar apenas um beijo e um abraço ao cumprimentar as pessoas.

# Exercise 80 / Exercício 80

**Homework/** *Dever de casa*

**ESCREVA:**

What about Brazil? What rules do you know should be obeyed while visiting Brazil? Ask your teacher, friends and classmates about their experiences and make a list of what one should and should not do when visiting Brazil.

| **DEVE-SE** = Está bem-visto (*seen as appropriate*) | **NÃO SE DEVE** = Está mal-visto (*not seen as appropriate*) |
|---|---|
| | |
| | |
| | |
| | |
| | |

## "Must" / Verbo 'dever'

**GRAMÁTICA:**

You previously learnt the impersonal verb "dever" like in "se deve" / "deve-se" and "não se deve" (*one should / should not*). You can also use its personal form to express duty or probability.

**Observe** the conjugation (in the present tense) of the verb *dever* and complete the sentences that follow:

**DEVER**
(*must / should*)

Eu --------- devo

Você
O senhor
A senhora       deve
Ele / Ela
A gente

# Chapter 15 - Worldly Customs

| | |
|---|---|
| *Nós* --------- | dev**emos** |
| *Vocês* <br> *Os senhores* <br> *As senhoras* <br> *Eles / Elas* | dev**em** |

### Exercise 81 / Exercício 81

**Using must/should / *Usando o verbo dever***

**ESCREVA:**

a. Já passam das 8. A essas horas já não _____ haver mais ninguém no escritório.
b. Você não _____ comer muito antes de dormir. Isso prejudica o sono.
c. O aluno pode faltar à aula, mas não _____.
d. O neném está tão quente! _____ estar com febre.
e. A reunião _____ atrasar, pois o chefe ainda não chegou (*hasn't arrived yet*)
f. Alguém sabe onde _____ estar o meu livro de português?
g. Os bancos não _____ funcionar no feriado.
h. O filme _____ começar em 15 ou 20 minutos.
i. Eles _____ estar para chegar a qualquer momento.
j. Que horas _____ ser agora, hein?
k. Nós _____ jogar no time azul.

# Chapter 16

# (Hours/Time) / As horas

## What time is it? / *Que horas são?*

**GRAMÁTICA:**

In Portuguese, we use the plural form to ask the time: "Que hora**s** **são**?" /ki-*Orai-sawn*/

In stating the time, in Portuguese, we follow a common protocol. To express minutes **to** an hour (e.g. twenty minutes to three o'clock), we say "são vinte para as tres", whereas if we were to state the minutes **past** an hour (e.g. twenty minutes past three o'clock), we would say "são tres e vinte".

**Observe o esquema:**

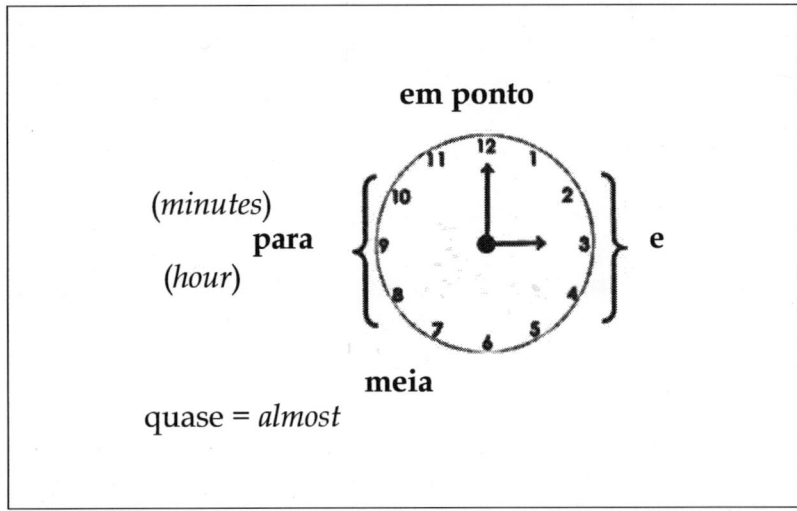

**Exemplos**: **P:** Que horas são?

**R:** É meio-dia / É meia-noite / É uma hora
(*It is twelve / It is midnight / It is one o'clock*)

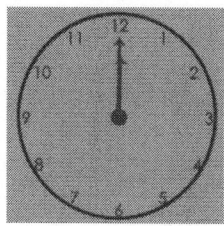 

**P:** Que horas são?

**R:** *São* duas horas. (*It's two o'clock*)

 **GRAMÁTICA:**

When giving the time, use the verb "ser" in <u>singular</u> <u>from twelve to one</u> (including the minutes): É meio dia, É meia noite, É uma hora, É uma e meia, etc.

However, <u>after two</u> you should give the hours in <u>plural</u> (including the minutes): São duas horas, São duas e quinze, São três e meia, etc

As the noun "dia" has a male gender then the adjective "meio" must agree with it in masculine. The same happens with "meia" that refers to "hora" that has female gender.

 **É meio-dia e meia**
(meio-dia = *midday* / meia, meia-hora
= *half / half an hour*)

**Observe** that in the examples below the words "***da manhã***" (*in the morning*)", and "***da madrugada***" (*early in the morning*) appear instead of "*de manhã*" (*in the morning*), and "*de madrugada*" (*early in the morning*). It happens when the *hours* are provided like in "São três *da manhã*" (It's three **a.m.**), "São três *da madrugada*" (It's three **a.m.** – indicating that it is <u>very early in the morning</u>), "É uma *da tarde*" (It's one **p.m.**), "São cinco *da tarde*" (It's 5 **p.m.**), "São sete *da noite*" (It's 7 **p.m.**).

**However**, it will not happen in the case of "12 p.m." or "12 a.m." as they will be "meio-dia" or "meia-noite" – although some media like radio announcers would say "São doze horas", "São doze horas em ponto".

## Aural Comprehension / *Compreensão auditiva*

OUÇA: Track Number 9

**Listen to the way Brazilians give the time.**

São três horas / São três horas *em ponto* (*It is 3 / It is 3 o'clock*)
São três *da manhã* ("am")
São três *da madrugada* ("am")

São dez e dez

São seis e quinze

São cinco para o meio-dia

 São quinze para as sete (or Faltam quinze para as sete)

### Exercise 82 / Exercício 82

**Talk to your classmate / *Fale com o seu colega***

 **FALE:**

Work with your classmates to practice asking and telling the time. You may wish to use your own watch / clock or alternatively, you can draw the hands-of-the-clock below.

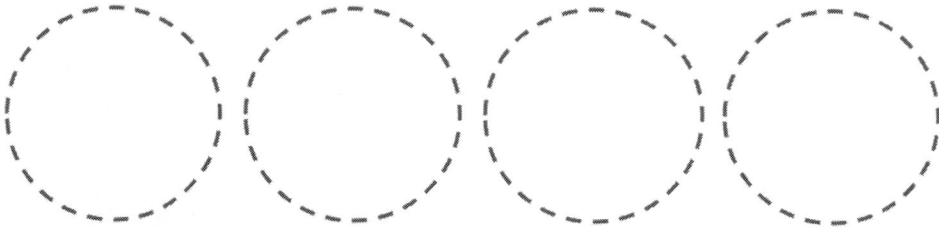

### Exercise 83 / Exercício 83

**Write the time / *Escreva a hora***

 **ESCREVA:**

Read the following sentences and afterward draw the clock-hands to indicate the time.

1. No sábado eu e minhas amigas vamos tomar café-da-manhã juntas (*together*). Marcamos às dez em ponto no restaurante.

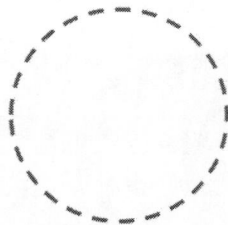

Chapter 16 - (Hours/Time)

2. Minha amiga Milagros vai chegar da Espanha às sete e meia da manhã.

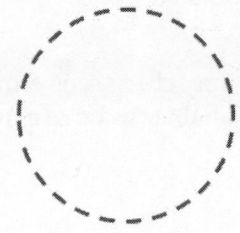

3. Eloísa abre o seu consultório às nove horas e, termina o expediente às seis.

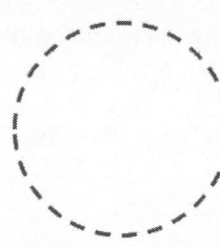

4. Karen *está ficando* (is dating) com um cara muito legal. Eles vão se ver na sexta à noite, às vinte para as oito.

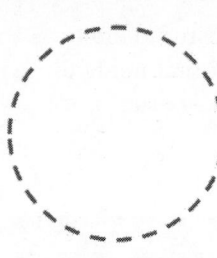

5. Começo a trabalhar às oito da manhã, mas hoje estou super atrasado. Nossa, já são cinco para às nove!

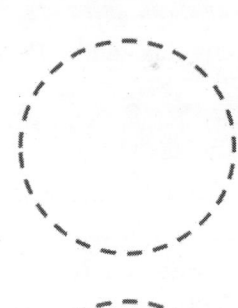

6. Amanhã vou acordar às cinco e meia da manhã para correr na praia antes de ir trabalhar.

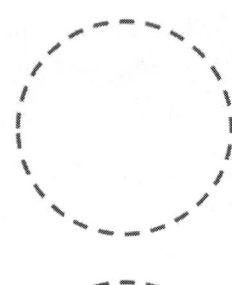

7. Celi prepara o jantar às sete e meia.

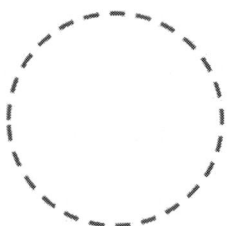

8. Jonny checa seus e-mails às oito e começa a trabalhar às nove e quinze.

9. Giovana ainda (still) acredita (believes) em Papai Noel. Ela abre os presentes de Natal à meia-noite e agradece ao bom velhinho por sua longa viagem.

10. Costumo almoçar à uma, e às quatro normalmente tomo um cafezinho para "despertar".

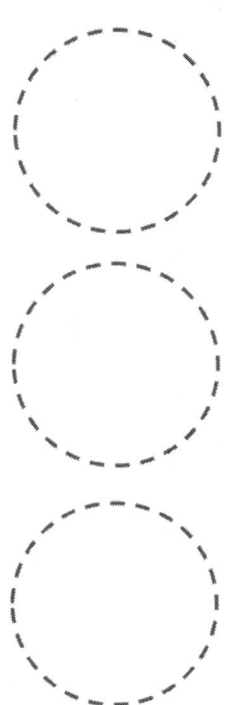

### Exercise 84 / Exercício 84

**Ask your classmate / *Pergunte ao seu colega ou a sua colega***

 **FALE:**

Ask your classmate about the time in each of the places below. For example: **"Que horas são agora em Nova Iorque?"** (*What time is it in New York?*) / **"Agora são 5 para as 4 em Nova Iorque"** (*It's now 5 to 4 in New York*). Change the English names below into Portuguese.

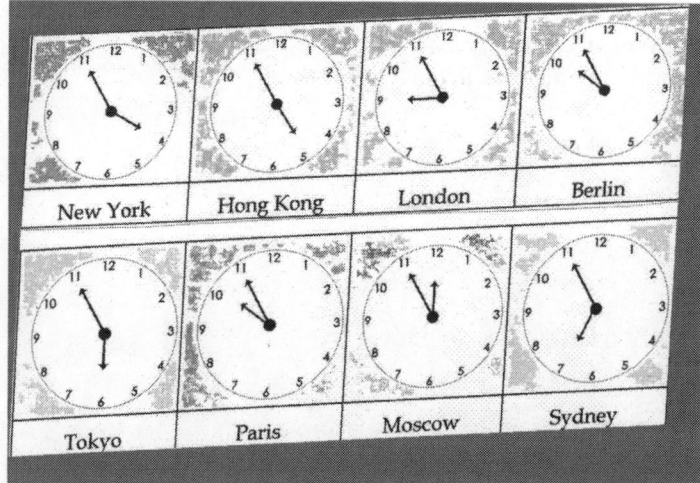

Chapter 16 - (Hours/Time)

**(Song NOT included)**
This is an extra exercise for you to complete the missing words. The song "Mel" was written by Brazilian singer and composer Maria Bethânia You can find it on cds or by searching online versions.

### Exercise 85 / Exercício 85

*Música*

ESCREVA:

**Música: MEL**
**(Maria Bethânia)**

Ó **abelha** _____
Faz de mim um instrumento
De teu **prazer**, sim, e de tua _____
Pois se é **noite** de completa _____
Provo do **favo** de teu _____
Cavo a direta _____ do **céu**
E agarro o **sol** com a **mão**
É **meio-dia**, é **meia-noite**, é toda **hora**
Lambe _____, torce **cabelos**
Feiticeira vamo-nos embora
É meio-dia, é _____-noite
Faz **zum zum** na **testa**
Na _____, na fresta da **telha**
Pela **escada**, pela _____
Pela **estrada** toda à fora
Anima de **vida** o seio da _____
**Amor** empresta a **praia deserta**
**Zumbe** na **orelha**, **concha** do _____
Ó **abelha boca** de **mel**
**Carmim**, _____, **vermelha**
Ó _____ rainha
Faz de mim um instrumento
De teu _____, sim, e de tua glória.

### Exercise 86 / Exercício 86

**Homework / *Dever de casa***

ESCREVA:

Brazilian Portuguese - Beginner 2

Observe the pictures below and find any related words from the lyrics. The first word is done for you as shown in the example below. (This exercise can be subjective. Answers can vary)

| | |
|---|---|
| | **abelha** |
| | |
| | |
| | |
| | |
| | |
| | |

Chapter 16 - (Hours/Time)

|  |  |
|---|---|
|   |  |
| 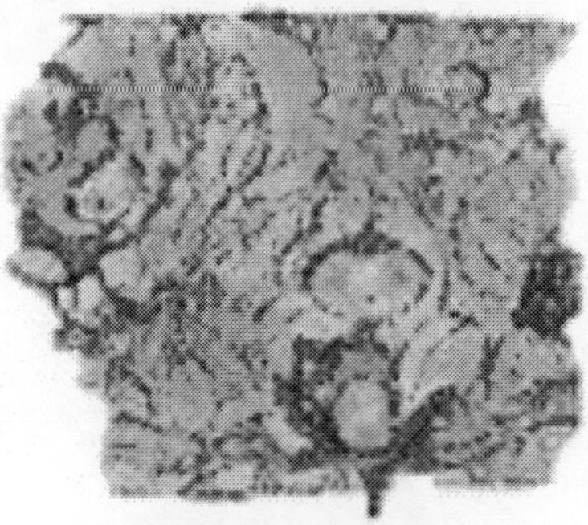  |  |
| 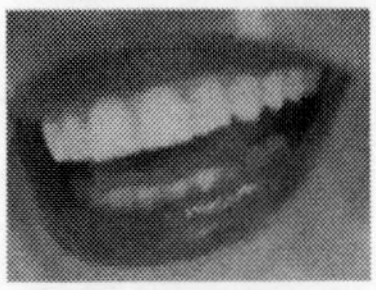  |  |
|   |  |
|   |  |

## Vocabulário

 **LEIA:**

Brazilian Portuguese - Beginner 2

Read the following vocabulary in preparation to the listening activity.

| Portuguese | English translation |
|---|---|
| estar desempregado | to be unemployed |
| estar a trabalho em | to be somewhere for work reasons |
| Ter / fazer uma entrevista de trabalho | to have a work / job interview |
| ter uma reunião | to have a meeting |
| estar otimista com a entrevista | to be optimistic about an interview |
| estar pessimista com o mercado de trabalho | to be pessimistic about the job market |
| assistir a uma conferência | to attend (lit. to watch) a conference |
| dar uma palestra | to give a talk / speech |
| ter um horário flexível | to be (lit. to have) flexible with time |
| não ter horário disponível | to not have free (lit. available) time |
| atualmente | nowadays |
| no entanto | notwithstanding; despite this |

### Exercise 87 / Exercício 87

**Audio comprehension/ *Compreensão auditiva***

**OUÇA: Track Number 10**

**ESCREVA:**

Listen to the dialogues and write **V** (for **'verdadeiro'** = true) or **F** (**'falso'** = false).

1. João é engenheiro. Ele está a trabalho em Tokyo. Ele vai dar uma palestra às 16 h no Instituto Tecnológico. Depois da palestra, ele vai jantar com os demais (*other*) palestrantes. ( )

# Chapter 16 - (Hours/Time)

2. Leonardo está desempregado. Por isso, todos os dias ele vai à praia às 7 h da manhã. Depois da praia ele almoça em um restaurante e só volta para casa às 14 horas. ( )
3. Flávia é aluna do curso de Enfermagem. Ela vai se graduar em dois meses. Ela está um pouco ansiosa porque amanhã às 9 horas vai fazer a sua última prova da faculdade. ( )
4. Ivan está desempregado. Ele é engenheiro naval. Está procurando emprego. Ele tem uma entrevista de trabalho na quinta-feira, às 8:30 h. Ele acha que vai conseguir este emprego. Por isso, ele está muito otimista! ( )
5. Selma está com uma tremenda dor de dente. Ela quer ir ao dentista ainda essa semana, mas o dentista não tem horário disponível. Ela vai ter que esperar até a próxima segunda-feira. Ela vai ser atendida às 12 horas.( )
6. Elias está muito feliz. Ele acaba de receber uma carta de felicitação do governo australiano. É sobre a aprovação de sua cidadania. A cerimônia vai ser no dia 9 de setembro, às 10 horas. Finalmente, ele vai se tornar um "cidadão australiano". ( )

## EXERCISE 88 / Exercício 88

**To talk / *Para falar***

 **CONVERSE:**

## ALUNO A

No momento, você está desempregado e quer tomar um café com um amigo (ou uma amiga). No entanto, esse amigo(a) encontra-se bastante ocupado. Você precisa organizar o *encontro* (*meeting*) no dia e o horário mais conveniente para ambos. Use o vocabulário acima e consulte sua agenda para marcar o dia e a hora do encontro.

| SEGUNDA | TERÇA | QUARTA | QUINTA | SEXTA | SÁBADO | DOMINGO |
|---|---|---|---|---|---|---|
| 9h |  |  |  | *entrevista de trabalho* |  |  |  |
| 10h |  |  |  | *pilates* |  |  |  |
| 11h |  | *entrevista de trabalho* |  |  |  |  |  |
| 12h |  |  |  |  |  |  |  |
| 13h |  |  |  |  |  |  |  |

| | SEGUNDA | TERÇA | QUARTA | QUINTA | SEXTA | SÁBADO | DOMINGO |
|---|---|---|---|---|---|---|---|
| 14h | | | | | *acupuntura* | | |
| 15h | | | | | | | |
| 16h | | | | | | | |
| 17h | | | | | | | |
| 18h | | | | | | | |
| 19h | | | | | | | |
| 20h | | | | | | | |
| 21h | | | | | | | |

## ALUNO B

Seu amigo (ou sua amiga) o/a convida (convida você) para tomar um café nesta semana. No entanto, você não pode aceitar o convite porque está muito ocupado no momento. Converse com seu amigo/sua amiga para organizar o encontro de acordo com o dia e o horário conveniente para ambos. Use o vocabulário acima e consulte sua agenda.

| | SEGUNDA | TERÇA | QUARTA | QUINTA | SEXTA | SÁBADO | DOMINGO |
|---|---|---|---|---|---|---|---|
| 9h | | *treinamento de pessoal* | *reunião com clientes* | | | *ginástica* | |
| 10h | | | *reunião com clientes* | | | | |
| 11h | | | | | | *velejar* | |
| 12h | | | | | *almoço de negócios* | | |
| 13h | | *curso de aperfeiçoamento profissional* | *reunião com clientes* | *reunião de trabalho* | | | |
| 14h | | | | | | | |
| 15h | | | | | | | |
| 16h | | | | | | | |

## Chapter 16 - (Hours/Time)

| | | | | | | | |
|---|---|---|---|---|---|---|---|
| 17h | | | | | | | |
| 18h | | | | | | | |
| 19h | | | | | jantar com amigos | | |
| 20h | | | | | | | |
| 21h | | | | | | | |

# Chapter 17

# At what time...? / A QUE HORAS...?

GRAMÁTICA:

> **Observe:** A que horas? (*At what time?*)
> A biblioteca abre/fecha a que horas?
> As lojas abrem/fecham a que horas?
>
> À uma / às duas / às três... **hours** + { da manhã / da tarde / da noite }

## Verbos *abrir* (to open) e *fechar* (to close / shut down)

|  | **ABRIR** (*to open*) | **FECHAR** (*to close/shut down*) |
|---|---|---|
| Eu | abro | fecho |
| Você / O senhor / A senhora / Ele / Ela / A gente | abre | fecha |
| Nós | abrimos | fechamos |
| Vocês / Os senhores / As senhoras / Eles / Elas | abrem | fecham |

## OBSERVE:

No Brasil a padaria (*bakery*) abre às 6 da manhã e fecha às 10 da noite. Porém, algumas padarias funcionam 24 horas.

### Exercise 89 / Exercício 89

**Business Hours in Brazil / *O horário comercial no Brasil***

OUÇA: Track Number 11

ESCREVA:

Some places in Brazil may be open and closed at different times to those opening times / business hours within your country. NOTE that business hours in Brazil can vary from city to city, or according to the business owner's will. The timetable can also vary on weekends.

Listen and write down the information provided

**No Brasil:**

(*masculine, singular*)
O metrô (*metro*) / abre às _____ e fecha às _____
O posto de gasolina (*petrol station*) / abre às _____ e fecha às _____
O correio (*post office*) / abre às _____ e fecha às _____
O supermercado (*supermarket*) / abre às _____ e fecha às _____

(*masculine, plural*)
Os bares (*bars/pubs*) / abrem às _____ e fecham às _____
Os restaurantes (restaurants) / abrem às _____ e fecham às _____
Os bancos (*banks*) / abrem às _____ e fecham às _____
Os Shoppings (*Shopping Centers*) / abrem às _____ e fecham às _____

(*feminine, singular*)
A rodoviária (*bus station*) / abre às _____ e fecha às _____
A biblioteca (*library*) / abre às _____ e fecha às _____
A padaria (*bakery*) / abre às _____ e fecha às _____
A farmácia (*chemist*) / abre às _____ e fecha às _____

(*feminine, plural*)
As livrarias (*book stores*) / abrem às _____ e fecham às _____
As lojas (*shops*) / abrem às _____ e fecham às _____
As escolas (*schools*) / abrem às _____ e fecham às _____

Chapter 17 - At what time...?

### Exercise 90 / Exercício 90

**To Talk / *Para Conversar***

 **CONVERSE:**

Talk to your classmate(s) about what is common / different about the business hours in Brazil versus those of your country. Use the learning from the preceding exercise to help guide your discussion.

| NO BRASIL | NO SEU PAÍS |
|---|---|
|  |  |
|  |  |
|  |  |
|  |  |
|  |  |
|  |  |

### Exercise 91 / Exercício 91

**Complete the missing information / *Complete a informação que falta***

 **OUÇA: Track Number 12**

Like in many countries, business hours change on public holidays in Brazil. Listen to the information below and fill in the blanks with what is missing.

**Veja o que abre e fecha no Rio no feriado de 7 de Setembro**

**07 de setembro de 2011 • 07h53**

No Dia da Independência do Brasil, o Metrô e os trens metropolitanos vão circular em horário reduzido no Rio de Janeiro. Mas, ao contrário de outras capitais, as lojas dos shoppings vão funcionar normalmente, assim como os setores de alimentação e lazer. Veja o que abre e fecha no feriado de 7 de Setembro na capital fluminense:

# Brazilian Portuguese - Beginner 2

## Bancos

As agências fecham. Contas que vencem na quarta-feira vão poder ser pagas *sem ônus*[10] na _____.

## Correios

As agências _____, exceto a do Aeroporto Internacional Tom Jobim, o Galeão, que abre das 8h às _____.

## Shoppings

As _____ do Center Shopping abrem das 15h às 21h, e a praça de alimentação das 11h às 22h. No Ilha Plaza, as lojas _____ de 15h às 21h, enquanto a praça de alimentação fica aberta das 12h às _____. As lojas e stands do Norte Shopping permanecem abertos das 15h às 21h; as praças de _____, restaurantes e área de lazer funcionam das 12h às 21h. No Plaza Shopping Niterói, as lojas abrem _____ 13h e 21h, enquanto a _____ de alimentação funciona das 12h às 22h. No Recreio Shopping, as lojas satélites, âncoras e quiosques abrem ____ 15h às 21h; já a área de _____ e a praça de alimentação funcionam entre 12h e 22h. As lojas do Rio Plaza _____ das 15h às 21h, enquanto os restaurantes funcionam normalmente ___ _____ das 12h. No Shopping Tijuca, lojas e _____ ficam abertos entre 15h e 21h, enquanto a _____ de alimentação funciona das 12h às 22h. As lojas do Via Brasil funcionam das 13h às 21h; a _____ ____ lazer e a praça de alimentação abrem entre 11h e 22h. No West Shopping, as lojas _____ entre 13h e 21h, enquanto __ _____ de alimentação atenderá aos clientes das 11h às 23h.

## Metrô

Funciona das _____ às 23h, com transferência entre linhas 1 e 2 na Estação Estácio. Os serviços de ônibus Metrô na Superfície respeitam o mesmo horário de _____. Linhas 913 e _____, que saem da Estação Nova América/Del Castilho em direção à Ilha do Fundão (Cidade Universitária), não funcionam. Para quem vai ao Engenhão assistir ao _____ entre Botafogo e Ceará, há duas opções: um ônibus _____ da Estação Nova América/Del Castilho, com parada no Estádio João Havelange, ou a integração com a SuperVia.

## Barcas

Intervalos de _____ minutos na linha Niterói-Praça XV, que funciona das 6h às 23h30. A linha de Paquetá transcorre _____. Não haverá _____ nas linhas Charitas e Cocotá.

## Limpeza urbana

Coleta de _____ e poda de árvores ocorrerá normalmente. Para _____ de emergência, ___ _____ deve entrar em contato pela central de atendimento da prefeitura (1746).

---

[10] **Sem ônus ou sem taxas** (*without fees*)

## Água

A Companhia Estadual de Águas e Esgotos (Cedae) vai fazer _____ emergenciais 24 horas através da central ____ _____ da prefeitura (1746).

## Luz

As agências da Light fecham. Para _____ comerciais e emergências, o número do Disque-Light é _____-282-020. O _____ fica disponível 24 horas, podendo ser feito também pelo site www.light.com.br.

## Trens

Os trens circularão das 4h39 às 19h. O Ramal Japeri terá trem extra à 0h35, partindo de Japeri para Paracambi. Confira os intervalos dos ramais: Santa Cruz (____ minutos), Japeri (30 minutos), Saracuruna (____ minutos) e Belford Roxo (60 minutos).

### EXERCISE 92 / Exercício 92

**Providing full answers / *Dando respostas completas***

**ESCREVA:**

1. Por que é feriado no Brasil no dia 7 de setembro?

2. No feriado, os bancos fecham. Qual é a solução para as pessoas com contas que vencem na quarta-feira?

3. Todas as agências de correio vão fechar no feriado?

4. Até que horas as lojas do Ilha Plaza funcionam?

5. No Shopping Brasil, o que funciona entre 11h e 22h?

6. A "Limpeza Urbana" vai prestar serviços de emergência no feriado. O que você deve fazer para entrar em contato?

7. O que funciona nos dias de feriado do seu país?

8. Qual é o feriado mais importante no seu país?

9. O que você normalmente faz em um dia de feriado?

10. Você acha que há mais feriados no Brasil do que no seu país? Pergunte ao seu professor e aos amigos brasileiros e compare.

## Chapter 18

# Natalia's Routine / A ROTINA DE NATÁLIA

**Exercise 93 / Exercício 93**

**Listen and tick the correct answer** / *Escute e marque a resposta certa*

 OUÇA: Track Number 13

a. Natália é...
   ( ) telefonista   ( ) artista   ( ) balconista   ( ) optometrista

b. Natália está na universidade cursando...
   ( ) o 1º ano de Geografia   ( ) o 3º ano de Geologia
   ( ) o 3º ano de Geografia

c. Quantos anos ela tem?
   ( ) 26 anos   ( ) 32 anos   ( ) 22 anos   ( ) 19 anos

d. Nos fins-de-semana pela manhã, Natália...
   ( ) estuda e faz meus deveres   ( ) estuda e faz seus deveres
   ( ) não estuda nada   ( ) estuda e faz os deveres do irmão

e. Nos fins-de-semana à tarde, Natália...
   ( ) sai com os amigos   ( ) pratica esportes radicais
   ( ) não faz nada   ( ) trabalha em uma farmácia 24 horas

# Exercise 94 / Exercício 94

**Your daily routine / A sua rotina diária**

 **ESCREVA:**

Look the pictures on the following page and think about the order in which the activities occur. Then, number each picture, sequentially, from 1 to 19 to reflect the order in which the activities occur. Do the same in the exercise below.

|   | | | |
|---|---|---|---|
|   | levantar |   | almoçar |
|   | tomar banho |   | ver (or) assistir televisão no sofá |
|   | tomar café da manhã |   | sair do trabalho |
|   | escovar os dentes |   | tomar o ônibus (o carro, o táxi, o metrô, o trem, o avião, a lancha, a barca) |
|   | escovar o cabelo (or) pentear o cabelo |   | chegar no trabalho / na aula / *em casa |
|   | ir ao banheiro |   | jantar |
|   | sair de casa / do trabalho / da reunião |   | dormir / ir para a cama |
|   | chegar na parada de ônibus |   | Acordar |
|   | pegar o ônibus (o carro, o táxi, o metrô, o trem, o avião, a lancha, a barca) |   | lavar o rosto |
|   | fazer a barba (or) barbear-se |   |   |

\* Someone's "own" house (em casa). Somebody else's (na casa de John/Stephanie)

## Expanding your vocabulary

à 1 (hora) / às 7 (horas) / ao meio-dia
cedo / antes da hora marcada / antes da horário previsto
tarde / depois da hora marcada / depois do horário previsto / atrasado (a)
na hora certa / na hora marcada / no horário previsto / pontualmente
no horário de sempre
devagar / calmamente / lentamente
com pressa / apressadamente / rapidamente
animado (a) / com ânimo
desanimado (a) / sem ânimo / com preguiça
cansado/a / exausto/a

Chapter 18 - Natalia's Routine

**Regular Verbs:** levantar, tomar, escovar, chegar, pegar, almoçar, jantar, trocar, voltar, pentear* (*spelling changing "-i", e.g.* penteio")

**Irregular Verbs:** dormir ("*u*" is added to its root in 1$^{st}$ person singular, e.g. "durmo"), ir, sair

# Regular and Irregular Verbs with Spelling Changing

GRAMÁTICA:

Brazilian Portuguese - Beginner 2

*Although **"pentear"** is a regular verb it presents some irregularity with "-i" being added (EXCEPT in 1st person plural) while "u" is added to irregular verb **"dormir"** in 1st person singular ONLY.*

|  | **PENTEAR ("i")** (*to comb*) | **DORMIR ("u")** (*to go to bed*) |
|---|---|---|
| *Eu* --------- | **penteio** | **durmo** |
| *Você / O senhor / A senhora / Ele / Ela / A gente* | **penteia** | **dorme** |
| *Nós* --------- | **penteamos** | **dormimos** |
| *Vocês / Os senhores / As senhoras / Eles / Elas* | **penteiam** | **dormem** |

**IRREGULAR VERBS**

|  | **IR** (*to go*) | **SAIR** (*to go out/leave*) |
|---|---|---|
| *Eu* --------- | **vou** | **saio** |
| *Você / O senhor / A senhora / Ele / Ela / A gente* | **vai** | **sai** |
| *Nós* --------- | **vamos** | **saímos** |
| *Vocês / Os senhores / As senhoras / Eles / Elas* | **vão** | **saem** |

### Exercise 95 / Exercício 95

**Continue working with the pictures and verbs from exercise 94 /** *Continue trabalhando com as figuras e os verbos do exercício 94*

**ESCREVA:**

Chapter 18 - Natalia's Routine

Continue using the pictures and verbs from exercise 94 to create sentences about his routine (*of the man in the pictures*). Afterward, read your sentences aloud to your class.

1.
2.
3.
4.
5.
6.
7.
8.
9.
10.

## How to write the hours in Portuguese / *Como escrever as horas em português*

 **GRAMÁTICA:**

**Observe** how Brazilians usually write the time. Note that **"h"** refers to either "hora" or "horas". Although you can eventually find "hs" as an abbreviation, the Brazilian Portuguese grammar prescribes "h" as the correct form. In Brazil, we do not use a.m. or p.m., but the 24 hours system, instead.

**When talking,** Brazilians usually say **"da manhã" (a.m.)**, or **"da madrugada" (a.m.)**, or **"da tarde" (p.m.)**, or **"da noite" (p.m.)**;

**When writing,** the grammatically correct forms are: **7 h; 9:30 h; 13 h; 17:15 h; 22 h.**

**Exercise 96 / Exercício 96**

**To talk and write** / *Para falar e escrever*

  **FALE e ESCREVA:**

161

The role of *Student A* is detailed below and the role for *Student B* is detailed on the following page.

## ALUNO A

Faça as perguntas abaixo ao seu / a sua colega e ESCREVA: as respostas que você ouvir (favor completar <u>somente as horas</u>!). Quando terminar a tarefa (*task*), confirme suas respostas com o Aluno B.

**Questions:**    **Horas:**

1. A que horas você levanta?        _____
2. A que horas você sai de casa?    _____
3. Quando você pega o ônibus?       _____
4. Quando você almoça?              _____
5. A que horas você sai do trabalho? _____
6. Quando você chega em casa?       _____
7. A que horas você janta?          _____
8. A que horas você vai dormir?     _____
9. Que horas são?                   _____

## ALUNO B

Responda às perguntas do seu / da sua colega, escolhendo as respostas apropriadas a cada pergunta. Quando terminar a tarefa (*task*), confirme suas respostas com o Aluno A.

**Answers:**

a. Eu levanto às 5:45 da manhã.
b. Eu almoço entre meio-dia e 1 da tarde.
c. Eu saio do trabalho às 5, mas às vezes me atraso e saio às 5:30.
d. Eu janto entre 8 e 8:30 da noite.
e. Eu chego em casa às 6:20 da noite.
f. Eu vou dormir entre 10 e 11 da noite, durante a semana.
g. Eu saio de casa às 7 da manhã.
h. Eu pego o ônibus às 7:15 da manhã.
i. São ... (*tell the time to your classmate*).

## Exercise 97 /Exercício 97

**My routine / *Minha rotina***

 **OUÇA: Track Number 14**

While listening to the track, fill in the empty space (below) with the correct word from the audio.

## Chapter 18 - Natalia's Routine

**TEXTO: MINHA ROTINA**

Meu nome é Joana. E esta é a minha rotina...
Normalmente acordo às 7, mas _____ às 7:30 h. Então, tomo banho, _____ um _____ rapidamente ou como uma banana e vou para a academia. *Faço* uma hora de *ginástica* ou _____, mas quando _____ _____ meia hora basta. Quando não vou à (à = para a) _____ leio o jornal e *começo* a trabalhar no computador *bem* _____. Trabalho em casa nas terças e quintas-_____. Nos outros dias trabalho numa _____ no centro da cidade. Costumo almoçar _____ 1 e 2 horas quando há pouco movimento na loja. Depois tomo um _____. Entretanto, quando tem muito movimento, nem ____ para _____. Às 6 da noite _____ de trabalhar. Então, _____ o ônibus que sempre está lotado, e _____ em casa às 19:30 h. Preparo um jantar rapidinho _____ ligo para alguma amiga. Vejo um pouco de televisão e *logo depois* vou _____ a cama. Leio um pouco até *pegar no sono (fall asleep)*. _____ entre 23:30 h e 00:00 h, aproximadamente.

### Exercise 98 / Exercício 98

**Text interpretation / *Interpretação de texto***

**ESCREVA:**

1. Onde Joana trabalha?
2. À que horas Joana costuma almoçar?
3. O que a Joana não faz quando há muitos clientes na loja?
4. O que é uma papelaria?
5. Onde fica a papelaria?
6. Quando a Joana termina de trabalhar?
7. O que a Joana faz enquanto prepara o jantar?
8. Para "pegar no sono" o que a Joana faz?
9. Você "pega no sono" facilmente ou não consegue pegar no sono com facilidade?
10. O que você faz quando tem insônia?

### Vocabulário:

| Portuguese | English translation | Example |
|---|---|---|
| à uma | at one o'clock | *Eu almoço à 1 da tarde* |
| às duas | at two o'clock | *Eu tomo um cafezinho às 2 da tarde* |

| | | |
|---|---|---|
| acordar | to wake up | |
| levantar | to get up | |
| tomar banho | to have a shower | |
| tomar café da manhã | to have breakfast | |
| comer | to eat | Eu não como *nada de manhã.* |
| chegar no trabalho | to arrive at work | |
| academia | gymnasium | |
| fazer ginástica | to exercise, to work out | |
| nadar | to swim | |
| começar | to start / commence / begin | *(grammar: in Portuguese começar a + infinitive, verb ending in 'r')* |
| bem cedinho | very early | |
| ter que | to have to | *ter que + infinitive* |
| pegar no sono | to fall asleep | |
| não consiguir dormir | to not be able to fall asleep | |
| ter insônia / sofrer de insônia | to have insomnia | |
| pegar/apanhar/tomar o ônibus | to take the bus | |
| terminar de trabalhar | to finish work | |
| voltar para casa | to return home | |
| ler o jornal | to read the newspaper | Eu *leio* |
| jantar | to have dinner | |
| ver/assistir televisão | to watch television | Eu *[não] vejo/assisto televisão* |
| ir para a cama | to go to bed | Eu *vou para a cama* |
| dormir | to sleep | Eu *durmo cedo/tarde* |

## Exercise 99 / Exercício 99

**How is your routine?**/*E a sua rotina, como é?*

**ESCREVA:**

Chapter 18 - Natalia's Routine

*Write about it in 10-15 lines and read it to your classmate(s)*

_____
_____
_____
_____
_____
_____
_____
_____
_____
_____

**Exercise 100 / Exercício 100**

**A bit about Dayse /** *Um pouco sobre Dayse*

  OUÇA: Track Number 15

Listen to the track number twice without the text. Think about what the situation is. Then listen to it again whilst reading the text.

## UM POUCO SOBRE DAYSE

Oi, meu nome é Dayse. Vou falar sobre a minha rotina para você.

Durante a semana eu vou à (= para a) universidade onde estudo Cinema e Ciências Sociais. Às tardes eu estudo um pouco e vou para a biblioteca. Sempre há (there is/there are) muita coisa para ler. Geralmente, tenho que escrever ensaios e outros trabalhos.

De segunda à quinta eu dou aulas (dar aulas = to teach) de inglês. Tenho bons alunos e isso facilita muito o meu trabalho. Eles aprendem (aprender = to learn) rápido e são muito interessados. Além disso (apart from that), normalmente fazem o dever de casa *o que os ajuda a* (which help them to) assimilar o conteúdo das aulas.

Nas sextas-feiras eu vou à academia *para malhar* (to work out) e eliminar a tensão da semtxtana.

Nos fins-de-semana sempre vou caminhar na praia. Às vezes eu corro também. Nos sábados jogo tênis. Depois vou almoçar com alguns amigos. Mais tarde leio um pouco, ou vejo algum filme interessante.

Nos domingos sempre como fora. Então, vou visitar alguma galeria de arte, ou algum mercado de rua.

Hoje não vou fazer nada porque estou com muita preguiça. Só quero dormir.

## Exercise 101 / Exercício 101

**Answer** / *Responda*

ESCREVA:

1. O que Dayse faz durante a semana?

2. O que ela faz nas sextas-feiras?

3. O que ela vai fazer hoje?

4. E você, o que vai fazer depois da sua aula de português?

5. Sua vida é semelhante à de Dayse em algum aspecto? Qual?

6. Como você descreveria a personalidade de Dayse baseando-se em seus hábitos (nos hábitos dela)?

OUÇA: Track Number 16

Listen and answer the related questions

### A ROTINA DE AFONSO

*Durante* a semana vou *à* universidade onde estudo *Letras*. *Já* estou no terceiro ano. Às tardes estudo um pouco na biblioteca da universidade. Às vezes estudo com *alguns* colegas, mas *na maioria das vezes* estudo sozinho.

De segunda à quarta trabalho *num* restaurante na cidade. O restaurante geralmente *fica lotado a partir* das 7 horas da noite. Eu *fico maluco* com *tantos* clientes, mas *me divirto* também.

Nas sextas-feiras à noite vou à *academia* para *manter a forma*. Depois *saio* com alguns amigos para tomar uma cerveja e conversar. Sempre *há tanta* coisa para fazer na cidade! Estou sempre ocupado com *alguma* atividade e nunca estou sozinho.

Nos fins-de-semana sempre corro na praia. Nos sábados dou aulas de capoeira e quando termino almoço com alguns amigos. À tarde vejo algum filme interessante ou vou me encontrar com alguns amigos.

Hoje vou jantar com minha namorada. É o aniversário dela e preparei-lhe (*I prepared for her*) uma surpresa que ela vai adorar!

## Vocabulário:

| Portuguese | English translation |
|---|---|
| durante | *during* |
| à = para a | *to the* |
| Letras | *Faculty of Arts* |
| já | *already* |
| às tardes | *in the afternoons* |
| às vezes | *sometimes* |
| na maioria das vezes | *most of the time* |
| algum / alguns, alguma(s) | *some* |
| num = em um | *in a* |
| ficar lotado | *to be crowded* |
| multidão | *a crowd / mob* |
| a partir (de) | *from (e.g. from 7 p.m.)* |
| ficar maluco/a | *to be(come) crazy* |
| tanto(s) / tanta(s) | *so many* |
| divertir-se | *to enjoy oneself / have fun* |
| academia | *gym* |
| malhar / fazer ginástica | *to do some work out* |
| manter a forma | *to keep fit* |
| sair | *to go out* |
| há | *there is / are* |

### Exercise 102 / Exercício 102

**Homework /** *Dever de casa*

**ESCREVA:**

**OUÇA:** Refer to track 16 and complete the following exercise.

1. O que Afonso faz durante a semana?

2. Em que ano ele está na universidade?

3. Onde Afonso trabalha?

4. O que ele faz nas sextas-feiras?

5. O que Afonso vai fazer hoje?

6. E você, o que vai fazer depois da aula de português?

7. A sua vida se parece a de Afonso? (*If yes, answer question 8. If no, go to question 9*)

8. Em que a sua vida se parece com a dele (Afonso)? (*In case it doesn't please answer to question 9*)

9. Por que não?

### Exercise 103 / Exercício 103

**Routine: When I don't have to work.../ *Rotina: quando não tenho que trabalhar...***

**OUÇA: Track Number 17**

**ESCREVA:**

Correct the following passages by adding the missing words to the gaps. After that, listen to the track to help you to check your work.

### ROTINA: QUANDO NÃO TENHO QUE TRABALHAR ...

Quando eu não tenho _____ trabalhar[11], eu normalmente acordo às 7 ou 8 ___ _____ (*in the morning*). Eu _____ (*get up*) logo em seguida porque eu não gosto ____ ficar na cama até tarde. Eu tomo café da manhã e, então eu vou correr ou caminhar. Às vezes eu ando de bicicleta. Quando termino volto para casa e tomo um banho _____ (*very/really*) quentinho. Então eu relaxo, deito no sofá e geralmente _____ (*I read*) um livro ou vejo televisão. Se minhas amigas _____ (*are*) livres como eu, então nós almoçamos juntas. Se não, ___ _____ (*I have lunch*) à uma ou às duas da tarde. Depois, ___ _____ (*in the afternoon*), eu preparo ___ _____ (*the dinner*). Depois disso vejo televisão com minha mãe ou leio um livro. Eu _____ (*I fall asleep*) às 10 da noite, aproximadamente. _____ _____ (*once*) por semana eu tenho aulas de balé e italiano na cidade. Uma ou _____ _____ (*twice*) por semana eu jogo tênis com Suellen ou Tony. Quando eu tenho lição de casa de italiano, eu a completo nos meus _____ de _____ (*days off*). Eu _____ (*take advantage of*) muito bem o meu dia quando não tenho que trabalhar. Quem me dera ter mais dias livres durante a semana!

---

11   **ter que** = ***to have to*** (*used for duty and obligations*)

# Chaper 19

# Invitations / CONVITES

**EXERCISE 104 / Exercício 104**

Verifying how much you understood / *Verificando o quanto você entendeu?*

OUÇA: Track Number 18

ESCREVA:

Listen to the track number and then answer the questions below. After you have completed this exercise, you will be able to confirm your answers by consulting the dialogues that follow.

- **NO DIÁLOGO 1,**
    *O convite é para...*
    ( ) tomar um suco de maracujá
    ( ) ir à praia
    ( ) tomar um açaí

    *Onde?*
    ( ) em Copacabana
    ( ) em Dee Why
    ( ) no Paraguay

    *A que horas é o 'encontro' (meeting)?*
    ( ) às 8:30 h
    ( ) 'não vai haver' (There won't be) 'nenhum' (any) encontro
    ( ) às 11:30 h

*O homem aceita o convite. Que palavras revelam a aceitação do convite?*
( ) *Ótimo. Fechado!*
( ) *Vou pensar e logo te digo.*
( ) *O sinal está fechado!*

- **NO DIÁLOGO 2,**
*A 'moça' (young woman) convida o 'rapaz' (young man) para ir...*
( ) à piscina
( ) à uma reunião familiar
( ) à praia

*Quando vai ser o evento?*
( ) no mês que vem
( ) no sábado
( ) amanhã

*O rapaz...*
( ) não pode ir no sábado porque ele trabalha nesse dia
( ) não aceita o convite porque não gosta de praia
( ) prefere ir à praia na segunda-feira

- **NO DIÁLOGO 3,**
*A moça convida o rapaz para...*
( ) ir ao concerto
( ) tomar um vinho tinto
( ) tomar uma cerveja
( ) tomar um chimarrão

*Quando eles vão se encontrar?*
( ) No horário de trabalho (*during working time*)
( ) Antes do trabalho
( ) Depois do trabalho

*Onde eles vão se encontrar?*
( ) No Rodízio
( ) No Ópera Bar
( ) No Queen Victoria Building

- **NO DIÁLOGO 4,**
*O rapaz convida a moça para ir...*
( ) à sua companhia
( ) à academia (*gym*)
( ) à terapia

*Os dois amigos resolvem (decide) ir à academia...*
( ) às 7 da noite
( ) às 9 horas
( ) Eles não vão à academia porque a moça tem que estudar para a prova de inglês

Chapter 19 - Invitations

### Exercise 105 / Exercício 105

**Dialogues Transcript / *Transcrição dos diálogos***

  **LEIA e OUÇA:**

Listen to the track number 18 again whilst reading the following. This is a good practice exercise to help you better understand vocabulary and expressions.

## Dialogue 1 / Diálogo 1

**Rapaz:** Oi gata!

***Moça:*** *Oi, doido!*

**Rapaz:** Vamos tomar um açaí?

***Moça:*** *Boa idéia. Aonde?*

**Rapaz:** Em Dee Why. A gente pode se encontrar no posto de gasolina, perto da praia.

***Moça:*** *Tá. A que horas?*

**Rapaz:** Às 11:30.

***Moça:*** *Ótimo. Fechado!*

**Rapaz:** Beijo.

***Moça:*** *Tchau!*

## Dialogue 2 / Diálogo 2

**Homem:** Vamos à praia.

***Mulher:*** *Quando?*

**Homem:** No sábado.

***Mulher:*** *Ah, que pena, não posso!*

**Homem:** Ah, fala sério! (Come on!)

***Mulher:*** *É sério, eu trabalho no sábado. Que tal no domingo?*

**Homem:** Está bem. Então a gente se vê no domingo.

***Mulher:*** *Até domingo, então!*

## Dialogue 3 / Diálogo 3

*Denise:* Fala, Camila!
*Camila:* E aí, Denise? Vamos tomar uma cerveja?
*Denise:* Claro! Quando?
*Camila:* Hoje, depois do trabalho.
*Denise:* Tudo bem. A que horas?
*Camila:* Às 5:30.
*Denise:* Beleza! Onde a gente se encontra?
*Camila:* No Ópera Bar.
*Denise:* Fechado!

## Dialogue 4 / Diálogo 4

*Teresa:* Vamos à academia na quinta?
*Emilce:* A que horas?
*Teresa:* Às 10?
*Emilce:* Puxa, não dá mesmo! Eu trabalho das 9 às 5. Que tal às 7 da noite?
*Teresa:* Tudo bem.
*Emilce:* Então, te vejo lá.
*Teresa:* Até mais!

# Appendix: Regular and Irregular Verbs in Present Tense

| | | REGULAR VERBS | | |
|---|---|---|---|---|
| | | **FALAR** (to talk) | **COMER** (to eat) | **ASSISTIR** (to attend, to assist) |
| I | Eu -------- | falo | como | assisto |
| You<br>You sir<br>Your madam<br>He / She | Você<br>O senhor<br>A enhora<br>Ele / Ela<br>A gente | fala | come | assiste |
| We | Nós -------- | falamos | comemos | assistimos |
| You pl.<br>You gentlemen<br>You ladies<br>They (male / female) | Vocês<br>Os senhores<br>As senhoras<br>Eles / Ela----- | falam<br><br><br>falam | comem<br><br><br>comem | assistem<br><br><br>assistem |

| REGULAR VERBS WITH SPELLING CHANGE |||
|---|---|---|
| **PENTEAR ('i')** <br> *(to comb)* | **CONSEGUIR ('i')** <br> *(to obtain, get)* | **CONHECER ('ç')** <br> *(to meet, know)* |
| penteio | consigo | conheço |
| penteia | consegue | conhece |
| penteamos | conseguimos | conhecemos |
| penteiam | conhecem | conhecem |
| penteiam | conhecem | conhecem |

| IRREGULAR VERBS |||||||
|---|---|---|---|---|---|---|
| **SER** <br> *(to be)* | **ESTAR** <br> *(to be)* | **TER** <br> *(to have)* | **DIZER** <br> *(to say)* | **SABER** *(to know facts or things)* | **PODER** *(to be able, can)* | **DAR** <br> *(to give)* |
| sou | *estou* | tenho | *digo* | *sei* | *posso* | *dou* |
| é | *está* | tem | *diz* | *sabe* | *pode* | *dá* |
| somos | *estamos* | temos | *dizemos* | *sabemos* | *podemos* | *damos* |
| são | *estão* | têm | *dizem* | *sabem* | *podem* | *dão* |
| são | *estão* | têm | *dizem* | *sabem* | *podem* | *dão* |
| **IR** <br> *(to go)* | **PREFERIR** <br> *(to prefer)* | **QUERER** <br> *(to want)* | **FAZER** <br> *(to make, do)* | **REDUZIR** <br> *(to reduce)* | **DIMINUIR** <br> *(to reduce)* | **SAIR** *(to leave, go out)* |
| vou | *prefiro* | quero | *faço* | *reduzo* | *do* | *saio* |
| vai | *prefere* | quer | *faz* | *reduz* | *pode* | *sai* |
| vamos | *preferimos* | queremos | *fazemos* | *reduzimos* | *podemos* | *saímos* |
| vão | *preferem* | querem | *fazem* | *reduzem* | *podem* | *saem* |
| vão | *preferem* | querem | *fazem* | *reduzem* | *podem* | *saem* |

| DORMIR ("u") (to fall asleep) | PÔR (to put, "pôr a mesa" = to set the table) | VER (to see, watch) | LER (to read) | ESCREVER (to write) |
|---|---|---|---|---|
| durmo | ponho | vejo | leio | *escrevo* |
| dorme | põe | vê | lê | *escreve* |
| dormimos | pomos | vemos | lemos | *escrevemos* |
| dormem | põem | veem | leem | *escrevem* |
| dormem | põem | veem | leem | *escrevem* |

## Answers / *Respostas dos exercícios*

### EXERCISE / EXERCÍCIO 1

As answers to this exercise will vary for each student, we have not provided definitive answers. Please discuss your answers with your teachers / peers.

### EXERCISE / EXERCÍCIO 2

As answers to this exercise will vary for each student, we have not provided definitive answers. Please discuss your answers with your teachers / peers.

### EXERCÍCIO 3

**DIAMANTE**
/gee-ya-man-chee/
**MINERAL**
/mi-ne-raw/
**CASADA**
/ka-za-da/
**SUCESSO**
/soo-sE-soo/
**AFRODISÍACO**
/a-frow-gee-zee-ya-koo/

**OURO**
/ow-roo/
**METAL**
/me-taw/
**CANSADA**
/kan-sa-da/
**CÉU**
/sEow/
**ROMANCE**
/ho-mann-see/

**ESMERALDA**
/ish-me-raw-da/
**ÁCIDO**
/a-see-doo/
**CANSADÍSSIMA**
/kan-sa-gee-see-ma/
**CORONEL**
/ko-ro-nEow/
**AVALANCHE**
/a-va-lann-she/

### EXERCISE / EXERCÍCIO 4

a. O ouro é um metal precioso.
b. O sucesso depende do empenho de cada pessoa.
c. A ostra é afrodisíaca.
d. A esmeralda é uma pedra preciosa.
e. Débora tem um lindo anel de diamante.
f. Minha sobrinha é muito carinhosa.
g. Quando chove usamos sombrinha.
h. Nós temos um cachorro chamado Rex e uma cachorra chamada Preciosa.
i. Marcos é médico, mas já não trabalha porque está aposentado.

### EXERCISE / EXERCÍCIO 5 (in pairs)

a. O saci é um personagem da lenda brasileira.

b. É um negrinho que possui apenas uma perna, usa um gorro vermelho e fuma cachimbo.
c. A principal característica do saci é a travessura.
d. A palavra "problemas" pode substituir (substitui, é sinônimo) de "transtornos".
e. No 4º parágrafo, a palavra que se refere à "according to" é "Segundo".
f. Segundo a lenda, o Saci está nos redemoinhos de vento.
g. (X) em todos os lugares, pois o mundo é a sua casa.
h. Os Sacis vivem sete anos e, após esse tempo, vivem mais setenta e sete anos.
i. Para atentar a vida dos humanos e dos animais.
j. Eles viram um cogumelo venenoso com orelha de pau.
k. (X) a criatura
l. (X) ventos em espiral
m. (X) capuz
n. (X) caçoar / provocar

## EXERCISE / EXERCÍCIO 6

As answers to this exercise will vary for each student, we have not provided definitive answers. Please discuss your answers with your teachers / peers.

## EXERCISE / EXERCÍCIO 7

a. Trata-se de uma situação **incontrolável**.
b. É um personagem **fictício**.
c. É um comportamento **incompreensível**.
d. É uma atitude **inexplicável**.
e. São travessuras **toleráveis**.
f. Ela diz que é uma dor **intolerável**.
g. No Brasil há lendas **inesquecíveis**.
h. É um caso **incomparável**.
i. Ela é uma menina **implicante**.
j. Ele é uma pessoa **compreensiva**.

## EXERCISE / EXERCÍCIO 8 Crosswords / Palavras cruzadas

|   |   |   |   | i | n | c | o | M | p | a | r | a | v | e | l |   |
|---|---|---|---|---|---|---|---|---|---|---|---|---|---|---|---|---|
|   |   |   |   |   |   |   |   | o |   |   |   |   |   |   |   |   |
|   |   |   |   |   |   |   |   | l | e | n | d | a |   |   |   |   |
|   |   |   |   |   |   | r |   | e |   |   |   | P |   |   |   |   |
|   |   |   |   | I | n | e | s | q | u | e | c | i | v | e | l |   |
|   |   |   |   | N |   | d |   | u |   |   |   | r |   |   |   |   |
|   |   |   |   | C |   | e |   | e |   |   |   | s |   |   |   |   |
|   |   |   |   | O |   | m |   |   |   |   |   | o |   | t |   |   |
|   |   |   |   | M |   | o |   |   |   |   |   | n |   | r |   |   |
|   |   |   |   | P |   | i |   |   | b | r | i | n | c | a | l | h | a | o |
|   | t |   |   | R | a | n | s | t | o | r | n | o |   | g |   | v |   |   |
|   |   |   |   | E |   | h |   |   |   |   |   | g |   | e |   | e |   |   |
|   |   |   |   | E |   | o |   |   |   |   |   | m |   | s |   |   |   |
|   |   |   |   | S |   |   |   |   |   |   |   |   |   | s |   |   |   |
|   |   |   |   | I | n | s | e | p | a | r | a | v | e | l |   | u |   |   |
| i | n | V | e | n | c | i | v | e | l |   |   |   |   |   |   | r |   |   |
|   |   |   |   | E |   |   |   |   |   |   | f | i | c | ç | a | o |   |   |
|   |   |   |   | L |   |   |   |   |   |   |   |   |   |   |   | s |   |   |

## EXERCISE / EXERCÍCIO 9 (Conhecer ou Saber?)

a. Você <u>conhece</u> bem a sua cidade?
b. Ainda não <u>sabemos</u> o resultado da prova.
c. Você <u>sabe</u> que dia é hoje?
d. Ele <u>sabe</u> cozinhar?
e. Que tipo de comida ele <u>sabe</u> fazer?
f. Ele <u>sabe</u> o nome de muitas constelações.
g. Ele <u>conhece</u> muitas constelações.
h. Vocês <u>conhecem</u> um bom encanador (*plumber*)?
i. Vocês <u>sabem</u> de um bom encanador?
j. Aposto que você não <u>sabe</u> nem mesmo o dia do meu aniversário!
k. Você <u>sabe</u> falar outra língua além do inglês?
l. Você já <u>conhece</u> o Brasil?
m. Vocês <u>sabem</u> que o Brasil é maior do que a Austrália?
n. Você <u>conhece</u> alguma lenda?
o. Você já <u>sabe</u> como capturar / prender um saci?

## EXERCISE / EXERCÍCIO 10

**Música:** Talismã
<u>Sabe</u>, quanto tempo não te vejo.
Cada vez você distante, mais eu <u>gosto</u> <u>de</u> você.
Por <u>que</u>?

Sabe, eu pensei que fosse fácil
<u>Esquecer</u> seu jeito frágil
De se dar sem <u>receber</u>
<u>Só</u> você

Só você que me ilumina, meu <u>pequeno</u> talismã
Como é doce <u>essa</u> rotina de te amar toda manhã
Nos momentos mais difíceis você <u>é</u> o meu divã
<u>Nosso</u> amor não tem segredo, sabe <u>tudo</u> de nós dois
E joga fora os <u>nossos</u> medos

Vai saudade <u>diz</u> pra ela, diz pra ela aparecer
Vai saudade ve se troca
A <u>minha</u> solidão por ela pra valer o meu viver.

## EXERCISE / EXERCÍCIO 11

1. Minha prima Carla **é** cardiologista. (profissão)
2. O Maracanã **é** um dos maiores estádios de futebol do mundo. (description)
3. "Sansão e Dalila" **é** um filme adaptado da história bíblica. (description)
4. A força de Sansão **está** em seus cabelos. (location)
5. O capuchino **é** uma bebida feita com café, leite e chocolate. (description)
6. Roberto **é** um homem tranqüilo, porém hoje **está** nervoso com tanto trabalho. (description / state of being)
7. Gabriel cisma (strongly affirms) que **está** doente e não quer ir trabalhar. De doente ele não tem nada. Ele **está** ficando preguiçoso demais. (state of being / changeable situation or condition)

8. Este ainda é um bom carro apesar de **estar** ficando velho. (description / changeable situation or condition)
9. É melhor botar um casaco antes de sair. Você ainda **está** gripado. (state of being)
10. Fazer caminhadas é uma boa forma de cuidar da saúde e, principalmente, do coração. (description)
11. Meu avô é italiano. (nationality)

## EXERCISE / EXERCÍCIO 12

1. A mesa é nova e está bagunçada.
2. A porta é comprida e está fechada.
3. A porta é larga e está aberta.
4. O suco é de goiaba e está gelado.
5. O café é brasileiro e está quente.
6. Essa rua é muito tranquila e está vazia.
7. O estádio do Maracanã é enorme e está cheio.
8. Bete é nossa funcionária e (*or* mas) está de férias, no momento.
9. Priscila é a advogada da companhia e (*or* mas) está de licença.
10. Giovana é nossa colega de trabalho e (*or* mas) está de licença-maternidade.

## EXERCISE / EXERCÍCIO 13

a. este livro
b. estes livros
c. estas canetas
d. esta viagem
e. este lugar
f. estas leis
g. estes animais
h. esta (or) este colega

a. esses insetos
b. esse político
c. essa cidade
d. esse relatório
e. esse (or) essa dentista
f. esse (or) esses lápis ("lápis" *is the only form of this word and is used for singular or plural*)
g. essa redação
h. essas crianças

a. aquele álbum de fotografias
b. aquela camisa
c. aquelas calças
d. aqueles estudantes
e. aqueles alunos
f. aquele jogo de xadrez
g. aqueles sapatos
h. aquele (or) aquela pianista

## EXERCISE / EXERCÍCIO 14
   a. Esta or essa / Aquela
   b. Estas or essas / aquelas
   c. Estes or esses / aqueles
   d. este or esse / aquele
   e. Aquele / este or esse
   f. Estas / Aquelas

## EXERCISE / EXERCÍCIO 15
R: São pessoas / É uma família / São amigos / São alunos
R: É uma tesoura.
R: É um telefone.

## EXERCISE / EXERCÍCIO 16
**Dever de casa**

1. Essa casa aqui / aí está à venda / Aquela casa ali / lá está à venda.
2. Esse edifício aqui / aí está em construção / Aquele edifício ali / lá está à venda.
3. Essas meninas aqui / aí têm a mesma idade / Aquelas meninas ali / lá têm a mesma idade.
4. Essas flores aqui / aí estão murchando / Aquelas flores ali / lá estão murchando.
5. Esses cadernos de matemática aqui / aí são meus / Aqueles cadernos de matemática ali / lá são meus.
6. Essa rua aqui / aí é a mais movimentada da cidade / Aquela rua ali / lá é a mais movimentada da cidade.
7. Esse lugar aqui / aí é tranquilo e aconchegante / Aquele lugar ali / lá é tranquilo e aconchegante.
8. Essas notícias aqui / aí são sempre alarmantes / Aquelas notícias ali / lá são sempre alarmantes.
9. Esse ator aqui / aí é muito talentoso / Aquele ator ali / lá é muito talentoso.

## EXERCISE / EXERCÍCIO 17
**Música: O Leãozinho (Caetano Veloso)**
Gosto muito de te ver leãozinho
Caminhando sob o sol
Gosto muito de você leãozinho

Para desentristecer leãozinho
O meu coração tão só
Basta eu encontrar você no caminho
Um filhote de leão raio da manhã
Arrastando o meu olhar como um ímã
O meu coração é o sol pai de toda cor
Quando ele lhe doura a pele ao léu

Gosto de te ver ao sol leãozinho
De te ver entrar no mar
Tua pele tua luz tua juba

Gosto de ficar ao sol leãozinho
De molhar minha juba
De estar perto de você e entrar numa.

### EXERCISE / EXERCÍCIO 18
As answers to this exercise will vary for each student, we have not provided definitive answers. Please discuss your answers with your teachers / peers.

### EXERCISE / EXERCÍCIO 19
As answers to this exercise will vary for each student, we have not provided definitive answers. Please discuss your answers with your teachers / peers.

### EXERCISE / EXERCÍCIO 20
1. Esses turistas que estão com Sérgio, são australianos.
2. Aquele senhor que está no jardim, é meu professor.
3. Esses quadros que estão pendurados, são de Anita Malfati.
4. Esses quadros que custam uma fortuna, são de Romero Britto.
5. Aqueles meninos que estão com a babá, são meus sobrinhos.
6. Meus amigos que estão no aeroporto, estão indo para Portugal.
7. Aquele menino que está no balanço, é muito levado.

### EXERCISE / EXERCÍCIO 21
1. ~~dele / Seu~~
2. dela / Seu
3. ~~dela / Seu~~
4. ~~dele / Seu~~
5. ~~dela / Seu~~
6. ~~dela / Seus~~
7. ~~deles / Sua~~
8. deles / Seus
9. dele / Seu
10. nosso

### EXERCISE / EXERCÍCIO 22
As answers to this exercise will vary for each student, we have not provided definitive answers. Please discuss your answers with your teachers / peers.

### EXERCISE / EXERCÍCIO 23
**Dever de casa**
<u>Suas cartas são de amor.</u>
<u>Seu filho torna-se órfão.</u>
<u>A estação passa a ser sua moradia.</u>
(...) <u>dessas personagens</u> (...)

### EXERCISE / EXERCÍCIO 24
As answers to this exercise will vary for each student, we have not provided definitive answers. Please discuss your answers with your teachers / peers.

### EXERCISE / EXERCÍCIO 25
1. em
2. na
3. em

4. na
5. no
6. na
7. na
8. na
9. na
10. no, no
11. (answer can vary)
12. em
13. no

## EXERCISE / EXERCÍCIO 26

As answers to this exercise will vary for each student, we have not provided definitive answers. Please discuss your answers with your teachers / peers.

## EXERCISE / EXERCÍCIO 27

As answers to this exercise will vary for each student, we have not provided definitive answers. Please discuss your answers with your teachers / peers.

## EXERCISE / EXERCÍCIO 28

a. O Taj Mahal fica na India.
b. A Torre Eiffel fica na França / em Paris.
c. A Muralha da China fica na China.
d. O Coliseu fica na Itália / em Roma.
e. A Estátua da Liberdade fica nos Estados Unidos.
f. Petra fica na Jordânia.
g. A Casa da Ópera de Sidney fica na Austrália.
h. As Cataratas do Iguaçu ficam na fronteira entre o Brasil e a Argentina / na América do Sul.
i. As Cataratas do Niágara ficam entre o Canadá e os Estados Unidos
j. As Cataratas de Victória estão entre a Zâmbia e o Zimbabwe / na África.

## EXERCISE / EXERCÍCIO 29

1. Onde fica o Museu do Prado?
2. Onde fica o Castelo de Birmingham?
3. Onde fica o Museu do Louvre?
4. Onde ficam as Ilhas Galápagos?
5. Onde fica a Grande Barreira de Corais?
6. Onde fica o Monte Kilimanjaro?
7. Onde fica o Milford Sound?
8. Onde ficam as Ilhas Maldivas?
9. Onde fica Bora Bora?

## EXERCISE / EXERCÍCIO 30

*Dever de casa*

1. Você vai almoçar NO restaurante ou EM casa hoje?
2. A Semana Santa NA Espanha é uma das celebrações mais importantes do país.
3. NO Brasil o Natal (Christmas) é celebrado nos dias 24 e 25 de dezembro.
4. EM Mônaco, o Grande Prêmio atrai turistas de todo o mundo.

5. O Ano Novo EM Copacabana é sensacional. Todos se vestem de branco e *há* (there is) muita *queima de fogos* (fireworks).
6. EM Sidney, a maior queima de fogos acontece NA ponte "Harbour Bridge".
7. Há sempre música ao vivo NO barzinho da esquina.
8. O Cristo Redentor é uma das sete maravilhas do mundo moderno. Está situado NO Rio de Janeiro, NO Brasil.
9. EM Macau fala-se cantonês e português.
10. A temperatura média EM Maputo varia entre 22-31 °C em fevereiro.
11. Minha namorada trabalha EM uma companhia de bebidas.
12. Meu primo Rogério estuda NA Faculdade de Administração.

## EXERCISE / EXERCÍCIO 31
Crosswords / *Caça-palavras*

## EXERCISE / EXERCÍCIO 32
(2) estar no escritório
(3) por essa razão
(1) telefonar para
(5) chegar tarde
(6) chegar na hora marcada / certa
(4) deixar uma mensagem
(7) pegar o telefone e falar com quem liga
(8) terminar de falar ao telefone
(9) tão logo
(10) realmente
(11) agora, nesse instante

## EXERCISE / EXERCÍCIO 33
a. A secretária atende o telefone.
b. Ele não se encontra no escritório no momento. / No momento, ele não se encontra no escritório.
c. O chefe sempre chega atrasado. / O chefe chega sempre atrasado.
d. Os médicos são pontuais nesse hospital. / Os médicos nesse hospital são pontuais.
e. No momento, não posso atender. / Não posso atender no momento.
f. Quer deixar algum recado?
g. Ele liga para a namorada todos os dias. / Todos os dias ele liga para a namorada.
h. A senhora não pode carregar peso.
i. Assim que ela chegar, dou o recado. / Dou o recado assim que ela chegar.
j. Ele não pode atender no momento. / No momento, ele não pode atender.
k. Pode ficar com o troco.

## EXERCISE / EXERCÍCIO 34
**Compreensão auditiva**
1. Nathan
2. atender o telefone
3. no escritório
4. um recado

# Brazilian Portuguese - Beginner 2

5. às 10 horas, no Hotel Delux
6. atrasado para a reunião
7. uns 10 ou 15 minutos de atraso
8. esta informação não se encontra no áudio

## EXERCISE / EXERCÍCIO 35
**Pratique um pouco mais**
(Susana) <u>atender</u>
        <u>recado</u>, <u>ligar</u>

(Nathan) <u>reunião</u>
        <u>horas</u>
        <u>atrasado</u>
        de <u>atraso</u>

## EXERCISE / EXERCÍCIO 36
1. Nathan liga / telefona para susana.
2. Porque ela não está no escritório (or: porque ela não se encontra no escritório)
3. Nathan liga (telefona) para confirmar a reunião de amanhã. A reunião é (or: vai ser) às 10 horas.
4. Na sala de convenções do hotel.
5. Ele vai chegar atrasado.
6. Nathan vai chegar à reunião com uns 10 ou 15 minutos de atraso.
7. (Individual answer)

## EXERCISE / EXERCÍCIO 37
1. "Se liga, meu irmão. Alguém pode nos ouvir!"
2. "Mãe, liga a televisão, por favor!"
3. "Claro, ele não está ligado!"
4. "Olha, não liga para o que ele disse, não. Acho que ele está nervoso hoje."
5. "Oi Janice, aqui é a Ruth. Me liga assim que você ouvir essa mensagem, tá?"
6. "Puxa, adoraria ir, mas eu não ligo mesmo para churrasco."
7. Answer can vary.

## EXERCISE / EXERCÍCIO 38
a. dão
b. dar
c. dar
d. dá
e. dão
f. dar
g. dão
h. dá
i. dar / dou / dá
j. dá
k. dá / dá
l. dá / dá

## EXERCISE / EXERCÍCIO 39
a. O Sr. Pedro ...(x) é amigo do pai de Amauri
b. O Sr. Pedro ... (x) trabalha na oficina mecânica "Tudo Certinho"
c. Amauri ... (x) quer consertar o carro
d. O Sr. Pedro ... (x) ainda não sabe quanto vai cobrar pelo conserto do carro
e. O carro de Amauri ... (x) pára de funcionar com qualquer manobra
f. O Sr. Pedro aceita... (x) cartão Visa ou dinheiro

## EXERCISE / EXERCÍCIO 40
1. se chama / atende
2. chama / diz / ligação
3. me lembro
4. fazer
5. tem (or 'faz') / faz liga
6. faz / pára
7. verifica (or 'checa')
8. pode / está
9. podem / não podem / aceita
10. passar / dá / está
11. "Quando você liga o carro, ele faz algum barulho diferente do normal?"

NOTE: *Another answer, a bit more formal, can be found in the version two of this text:* "O carro faz algum barulho diferente do normal quando você o liga?"

## EXERCISE / EXERCÍCIO 41 (in pairs)
a. "Não precisa se preocupar que eu faço um precinho camarada para os amigos."
b. "Não, isso não. O motor até que é bem silencioso."
c. "Eu sempre verifico o nível de óleo quando o abasteço."
d. "Ah, sim, claro que lembro. Você é o caçula do Fabrício, né?"
e. Não sei / O texto não dá essa informação / Não há essa informação no texto / O texto não menciona (não diz) nada sobre isso / Não existe informação sobre isso no texto.
f. "Preciso examinar o carro para saber qual é o problema."
g. "Não dá para me quebrar esse galho?" / "Não dá mesmo pra dar um jeitinho?"
h. "Você é o caçula do Fabrício, né?".
i. "Hoje é impossível."
j. "Tô com serviço até o pescoço."

## EXERCISE / EXERCÍCIO 42
**achar** – to believe, to find
**ficar** – to be, to remain
**escolher** – to choose
**comer** – to eat
**partir** – to leave, to cut
**assistir** – to watch, to see, to attend
**assistir a** – to take care of

**conseguir** – to get, to obtain, to find, to achieve
**divertir** – to entertain
**divertir-se** – to enjoy oneself
**lembrar-se** – to remember
**viver** – to live, to experience, to be alive, "always", to keep doing something
**gostar** – to like

   a. fica / temos.
   b. acho / acha
   c. ficam / partem
   d. Partir
   e. dizem / vivem
   f. bagunçam / chegam
   g. se divertem / visitam
   h. diverte
   i. comer / fica / decide
   j. Parto / Partimos
   k. conhecem / conseguem
   l. vive / recebe / se lembra

## EXERCISE / EXERCÍCIO 43

1. Q: Você quer um cafezinho?
   A: Quero, obrigado / a.
   A: Não, obrigado / a. (or: Agora não / Depois / Mais tarde, talvez / Não, mas eu aceito um copo d'água, etc)

2. Q: Vocês vão assistir o jogo de futebol?
   A: Vamos
   A: Não

3. Q: Ele te conhece? (= Ele conhece você?)
   A: Conhece
   A: Não / Acho que não / Não sei

4. Q: Você conhece meu primo César?
   A: Conheço
   A: Não / É aquele que mora nos Estados Unidos?

5. Q: A sua prova de matemática é hoje?
   A: É
   A: Não / Não, é amanhã

6. Q: Você ainda está tentando aquele trabalho?
   A: Estou
   A: Não / Não, desisti

7. Q: Você acha que vai chover?
   A: Acho
   A: Não / Talvez / Não sei / Sei lá (I don't know)

8. Q: A sua casa fica perto daqui?
   A: Fica
   A: Não / Mais ou menos / Não, fica bem longe daqui

9.  Q: Você gosta do novo chefe?
    A: Gosto
    A: Não / Detesto / Odeio / Mais ou menos / Para mim "não fede nem cheira" (It's indiferent to me / He's dull)
10. Q: Ela dá aula todos os dias?
    A: Dá
    A: Não / Não, só às segundas
11. Q: Eles treinam no sábado?
    A: Treinam
    A: Não / Não, no domingo
12. Q: As crianças se divertem na escolinha de futebol?
    A: Se divertem / Se divertem à beça / Se divertem pra caramba / Se divertem bastante
    A: Não / Não muito / Acho que sim / Acho que não
13. Q: Dá para marcar uma consulta para a terça que vem?
    A: Dá
    A: Não / Humm... está difícil / Só se houver alguma desistência (Only in case of cancellation) / Só depois das 5 / Pode ser na quarta?
14. Q: Você me consegue um desconto?
    A: Consigo sim / Claro / Claro que sim
    A: Não / Não dá mesmo / Não posso / Vou ver com o gerente / Eu tenho que falar com o gerente / Só com o gerente mesmo
15. Q: Queremos assistir uma boa comédia. Pode recomendar / indicar alguma?
    A: Claro, tem a...../ Posso....
    A: Não lembro de nenhuma agora / Nesse momento, não me lembro / Não, não conheço.
16. Q: Você acha que vamos conseguir passagens mais baratas nessa agência?
    A: Acho que sim / Claro que sim / Claro que vamos / Vamos, sim
    A: Acho que não / Claro que não / Não vamos não

## EXERCISE / EXERCÍCIO 44 (in pairs)

| | |
|---|---|
| **Recepcionista** | Bom dia, Plaza Shopping Center! Pois não? (Em que posso servir / ajudar?) |
| **Sandro** | Bom dia. Posso (Poderia / Gostaria de ) falar com a Inês, por favor? |
| **Recepcionista** | Eu acho que a Inês não está (não se encontra) aqui no momento |
| **Sandro** | Você pode (poderia) confirmar (verificar) isso, por favor? |
| **Recepcionista** | Claro... Ela realmente não está (não se encontra) aqui. Pode ser outra pessoa? (Or: É só com ela? Só serve ela?) |
| **Sandro** | É só com ela mesmo (Não, obrigado!). Posso deixar um recado? |
| **Recepcionista** | Sim, claro! (É claro! / Claro!) |

| | |
|---|---|
| Sandro | Pode (Poderia) pedir para ela para ligar para o Sandro assim que ela chegar? |
| Recepcionista | Claro, tudo bem! (Tudo bem / Pode deixar = *leave it with me* / Sem problema) |
| Sandro | Obrigado. Tenha um bom dia! |
| Recepcionista | De nada! Um bom dia para o senhor também. Tchau! |

## EXERCISE / EXERCÍCIO 45
**Dever de casa**
1. no restaurante da esquina
2. em 1945
3. em 1989
4. em 2009
5. em 1996
6. na casa dos pais
7. nas terças, de manhã
8. na cozinha
9. Sim, está no varal
10. Em 1928

## EXERCISE / EXERCÍCIO 46
a. "Todo mundo tem na ponta da língua"
b. "É tão importante poupar"
c. "Cuidar do próprio futuro"
d. "Dá para viajar"
e. "É possível reduzir despesas"
f. "É preciso planejar"
g. "Nem todos transformam a teoria em prática"

**(in group of three)**
- economizar – poupar
- todas as pessoas – todo mundo
- escrevemos em uma lista / rol - listamos
- depositar dinheiro em instituição para, através dos rendimentos, ter a soma (o dinheiro) aumentada - investir na poupança
- sabe / sabe de memória / conhece bem – tem na ponta da língua (has in the tip of the tongue)
- registro de conta em banco para obter benefícios de juros e correção monetária na quantia depositada - caderneta de poupança
- a economia – a poupança
- planilha de controle – formulário para registro de informações (cálculos, por exemplo); folha de controle
- planejar – programar; projetar
- cuidar do próprio futuro – tratar do próprio futuro; assegurar o próprio futuro; considerar o próprio futuro
- gastos – despesas; dispêndio

> adotar um comportamento avarento – tornar-se "mão-de-vaca", mesquinho; deixar de ser generoso
> reduzir despesas – diminuir gastos; diminuir o consumo
> do dia a dia – diário; do cotidiano
> mudanças que podem ser adotadas – alterações que podem ser consideradas
> sem sacrifício – sem sofrimento; sem privações; sem problemas
> grana – dinheiro
> dá para viajar – é possível viajar; torna-se viável viajar

## EXERCISE / EXERCÍCIO 47

As answers to this exercise will vary for each student, we have not provided definitive answers. Please discuss your answers with your teachers / peers.

## EXERCISE / EXERCÍCIO 48

As answers to this exercise will vary for each student, we have not provided definitive answers. Please discuss your answers with your teachers / peers.

## EXERCISE / EXERCÍCIO 49

**Economize 1 500 reais em 6 meses**
TODO MUNDO
O FUTURO
O DINHEIRO
É POSSÍVEL
ECONOMIZAR
INVESTIR

**Na ponta do lápis**
SEM

**Escolhas no supermercado**
ECONOMIZAR

**Cinema em casa**
ECONOMIA será de 30 reais. Cozinhando com a turma, você poupa mais 30 reais.

**Café saudável**
EM CASA

**Limite no bar**
POUPAR

**Na telinha**
PELO MENOS

## EXERCISE / EXERCÍCIO 50

1. economizar / trocar
2. economizar / optar
3. economizar / escolher
4. economizar / dispensar
5. economizar / diminuir

6. economizar / assistir
7. economizar / consumir

## EXERCISE / EXERCÍCIO 51

optando
escolhendo
dispensando
diminuindo
comendo
trabalhando
viajando
saindo
comprando
ficando
bebendo

## EXERCISE / EXERCÍCIO 52

As answers to this exercise will vary for each student, we have not provided definitive answers. Please discuss your answers with your teachers / peers.

## EXERCISE / EXERCÍCIO 53

| | |
|---|---|
| a. confiar em | c. to diminish; reduce; decrease; subside |
| b. melhorar | d. to augment; increase; magnify |
| c. diminuir | f. to worry about |
| d. aumentar | j. to remain; stay; be with; keep |
| e. assistir | e. to watch; to see; attend |
| f. preocupar-se com | a. to have faith in someone / something |
| g. tornar-se | g. to become (oneself) |
| h. tornar a/em | h. to start; turn into |
| i. viajar para/com/sem/de/por | b. to improve; make better |
| j. ficar em/com/sem/de/a | l. more expansive |
| k. preocupar | k. to worry; concern |
| l. mais caro | i. to travel (to/with/without/by/through) |
| m. mais barato | m. more cheap; cheaper |

## EXERCISE / EXERCÍCIO 54 (in pairs)
**Dever de casa**

1. Donato pode emagrecer *dispensando a sobremesa.*
2. Rômulo pode passar mais tempo com a família *trabalhando menos.*
3. Flávio pode conhecer outras culturas... *viajando para outros países.*
4. Alexandre pode aproveitar melhor o dia *acordando mais cedo.*
5. Érica pode melhorar suas notas *estudando mais.*
6. Magali pode se diminuir o estresse *preocupando-se menos.*
7. Você pode aumentar sua auto-estima *confiando mais em si mesmo/a.*

8. A ONU pode melhorar as relações entre os países **negociando a paz.**
9. Podemos nos distrair *assistindo a uma boa comédia.*
10. Vilma pode tornar-se otimista *focalizando o lado positivo da vida.*
11. Judith pode ficar em forma *fazendo caminhadas regularmente.*
12. Em alguns países você consegue comprar mais barato *pechinchando.*

## EXERCISE / EXERCÍCIO 55
As answers to this exercise will vary for each student, we have not provided definitive answers. Please discuss your answers with your teachers / peers.

## EXERCISE / EXERCÍCIO 56
1. Estou lendo um livro.
2. Paulo está estudando Informática.
3. Maria e Antônio estão jogando vôlei em Bondi Beach.
4. Eu estou conversando com minha mãe por telefone.
5. As crianças estão se divertindo muito.
6. Meu irmão e a namorada dele estão indo para o México amanhã.
7. Você está trabalhando muito.
8. Vocês estão esquecendo de tirar o visto para entrar no Brasil e só falta um mês para a viagem...
9. Eu não estou entendendo a sua insinuação.
10. O que os jogadores estão dizendo sobre o novo técnico?

## EXERCISE / EXERCÍCIO 57
As answers to this exercise will vary for each student, we have not provided definitive answers. Please discuss your answers with your teachers / peers.

## EXERCISE / EXERCÍCIO 58
**Ditado:**
Manuela está brincando de boneca no jardim de sua casa. A mãe a observa da janela, sorrindo. Manuela conversa com a boneca enquanto prepara a sua comidinha. A boneca está chorando de fome. Os irmãos de Manuela brincam de carrinho ao lado dela. João é o irmão mais velho. Ele é o mecânico da brincadeira e está consertando um carro antigo. Mário, o irmão do meio, é o cliente do mecânico. Jairo, o irmão caçula, é o gerente da oficina mecânica e está supervisando o trabalho do mecânico.

## EXERCISE / EXERCÍCIO 59
a. Por que você está chorando?
b. Por que você está rindo tanto?
c. Eles estão rindo de / das suas piadas / Eles estão rindo das piadas dele.
d. Eduardo está consertando o carro de Paul.
e. A menina está brincando com a boneca dela / A menina está brincando com sua boneca.
f. Alice e Bob estão tomando café na cantina.
g. Ele está levando o sobrinho dele ao medico / Ele está levando seu sobrinho ao médico.
h. Chico está se preparando para a prova final.

i. Os passarinhos / Os pássaros / As aves... estão destruindo toda a cerca / ... estão destruindo a cerca toda / ... estão destruindo a cerca inteira.
j. O neném / O bebê ... está chorando porque está com fome.

## EXERCISE / EXERCÍCIO 60 (in pairs)
### Estudante A
1. Márcio <u>está voltando para casa</u>.
2. As crianças <u>estão andando a cavalo</u>.
3. O menino <u>está ouvindo música, cantando e dançando</u>.
4. Gabriel <u>está fazendo aniversário</u> / Gabriel <u>está aniversariando</u>.
5. Lívia <u>está se casando</u>.
6. A dona (*mrs.*) Nair <u>está tomando (um) cafezinho</u>.
7. Paulinho <u>está andando de skate</u>.
8. O seu Everaldo <u>está se barbeando</u> e a dona Therezinha <u>está se maquiando</u>.
9. Rita <u>está tomando água de coco</u>.
10. O casal Guimarães <u>está viajando</u>.
11. O neném <u>está fazendo 2 anos</u>.
12. Cristiano <u>está lendo</u>.

### Estudante B
1. O menino <u>está correndo</u>.
2. Os homens <u>estão jogando carta</u>.
3. Jessica <u>está tirando retrato</u>.
4. As crianças <u>estão brincando de estilingue</u>.
5. Os rapazes <u>estão jogando futebol</u>.
6. O rapaz <u>está andando de caiaque</u>.
7. A moça <u>está olhando a paisagem</u>.
8. Georgina <u>está esquiando</u>.
9. A mãe e o neném <u>estão dormindo na rede</u>.
10. Erica <u>está se olhando no espelho</u> / <u>está olhando-se no espelho</u>.
11. A mãe e a filha <u>estão se abraçando</u> / <u>estão abraçando-se</u>.
12. Edson <u>está fazendo aniversário</u>.

## EXERCISE / EXERCÍCIO 61
As answers to this exercise will vary for each student, we have not provided definitive answers. Please discuss your answers with your teachers / peers.

## EXERCISE / EXERCÍCIO 62
As answers to this exercise will vary for each student, we have not provided definitive answers. Please discuss your answers with your teachers / peers.

## EXERCISE / EXERCÍCIO 63
**Dever de casa**
a. O que ela está fazendo?
b. O que o tigre está fazendo?
c. O que o optometrista está fazendo?
d. O que a secretária está fazendo?
e. O que as crianças estão fazendo?

f. O que ela está fazendo?
g. O que ele está fazendo?

1. Eles estão vendendo bolo.
2. A mãe está passando protetor solar na filha.
3. Nós estamos jogando totó.
4. Jessica Watson está velejando.
5. Os alunos estão se formando (OR formando-se / estão se graduando (OR graduando-se).

## EXERCISE / EXERCÍCIO 64

1. A aula já vai começar. (adverbio de tempo)
2. Miriam está bem melhor da gripe. (adverbio de intensidade)
3. Está chovendo torrencialmente. (adverbio de modo / intensidade)
4. O céu está nublado hoje. (adverbio de tempo)
5. Os apaixonados se olham demoradamente. (adverbio de modo / intensidade)
6. Minha casa está logo ali. (adverbio de lugar)
7. Ele sempre sai de casa cedo. (adverbio de tempo)
8. Meu carro não está longe. (adverbio de tempo)
9. A polícia à paisana age discretamente. (adverbio de modo / intensidade)
10. Alguns políticos roubam descaradamente. (adverbio de modo / intensidade)

## EXERCISE / EXERCÍCIO 65

regularly = regularmente
formally = formalmente
automatically = automaticamente
artificially = artificialmente
finally = finalmente
periodically = periodicamente
generally = geralmente
basically = basicamente
consequently = consequentemente
unluckily = infelizmente
luckly = felizmente
urgently = urgentemente
correctly = corretamente
differently = diferentemente
indifferently = indiferentemente

## EXERCISE / EXERCÍCIO 66

usually / normal / normalmente
frequently / frequente / frequentemente
easily / fácil / facilmente
hardly / difícil / dificilmente
quickly / rápida / rapidamente
hurriedly / apressada / apressadamente

slowly / devagar / vagarosamente OR demorada / demoradamente
eventually / final (por fim) / finalmente
officially / oficial / oficialmente
luckly / feliz (por sorte) / felizmente
totally / total / totalmente
completely / completa / completamente
appropriately / apropriada / apropriadamente
exactly / exata / exatamente
privately / privada / privadamente

## EXERCISE / EXERCÍCIO 67
**Uma entrevista**

a. Aos sábados, costumo ir à praia pela manhã; à tarde, depois de um ligeiro cochilo, faço alguma atividade caseira e, à noitinha, vou namorar. Minha namorada estuda comigo, é loura e nos damos muito bem.
b. Na cidade onde moro, não há muita opção. Mas temos uma Entidade Estudantil, em cuja sede realizam-se, aos sábados, eventos muito concorridos com shows de música ao vivo, exposições de obras de arte, mostras de filmes nacionais e estrangeiros, debates sobre temas históricos e atuais. Antes de começar a namorar, costumava frequentá-la com assiduidade.
c. Além do meu trabalho, um escritório que representa 40 indústrias, estudo à noite, num curso que prepara o aluno para áreas humanas, como Direito, que é o que pretendo seguir.
d. De segunda a sexta-feira, o trabalho e o estudo não proporcionam oportunidade para mais nada, a não ser dormir, que é o que faço lá pelas 11 da noite. Dificilmente posso viajar nos finais de semana, a não ser em feriados prolongados.
e. Classificação. Qualquer coisa envolvendo classificação, seleção de conteúdos e ordenação, costumo terminar sempre por último.
f. Primos e tios. A não ser em aniversários e enterros, dificilmente nos encontramos. Mas nos feriados prolongados, como Páscoa e Ano Novo, muitos de nós nos encontramos numa casa de praia, em município praiano, a cerca de 100 quilômetros de onde moro.
g. Ginástica. No meu quintal há uma barra de exercícios, onde sempre à noite me exercito. Às vezes vou para a academia. Gosto de levantar peso, mas prefiro fazer exercícios que utilizam o peso do próprio corpo, como o chamado "treinamento funcional". Desenvolvi uma musculatura razoável para minha idade já que na minha cidade não há muitas academias de ginástica.
h. Costumo prometer a mim mesmo não chegar mais atrasado ao trabalho, mas sempre acabo chegando.
i. Passo, sim. Nos reunimos todos no sítio da minha prima em município vizinho e curtimos as brincadeiras que inventamos. A mais famosa é a dança das cadeiras. Não falta criatividade!
j. Durante o verão, viajo para uma cidade balneária com minha família, onde um parente possui uma casa de praia. Na verdade, a casa é cercada

Brazilian Portuguese - Beginner 2

       por uma lagoa que apesar de muito salgada, é bem agradável. Cada parente costuma demarcar seu lugar e, assim, vemos quase sempre os mesmos rostos a cada ano. É muito bom!
- k. Este ano vou prestar Vestibular. É um momento importante para mim e preciso estar bem preparado.
- l. Às vezes, muito mal. Gosto de fazer as pessoas rirem. Estou sempre brincando. Mas nem sempre as piadas que conto são de bom gosto e isto acaba com um resultado não muito positivo.
- m. Profissionalmente me comporto com um elevado senso de responsabilidade. Como sou pago pela empresa, ajo com total fidelidade, estando comprometido com o que faço. Procuro desempenhar com esmero cada tarefa que me cabe.
- n. Confesso que não sou bom em aceitar certas críticas, principalmente quando estas me parecem sem fundamento. Mas quando vejo que as pessoas têm razão, dou minha mão à palmatória.

## EXERCISE / EXERCÍCIO 68
As answers to this exercise will vary for each student, we have not provided definitive answers. Please discuss your answers with your teachers / peers.

## EXERCISE / EXERCÍCIO 69
**Compreensão de texto**
- a. <u>Caros amigos</u>
- b. "<u>Cara amiga</u>"
- c. <u>Ingresso</u>
- d. "<u>Tenho à venda ingressos</u>"
- e. (c) Estou vendendo ingressos
- f. "<u>on sale</u>"
- g. <u>Ingressos para o desfile das escolas de samba</u>
- h. (ex.: *I can* ...) <u>Eu posso responder ou telefonar para o Rafael / Eu posso escrever ou ligar para o Rafael</u> ...
- i. (x) baratos
- j. "<u>por um preço bem bacana</u>"
- k. (x) solicitado
- l. (x) oferece uma boa visão do desfile

## EXERCISE / EXERCÍCIO 70
**Formal or informal?**
( F )
( I )
( F )
( I )

## EXERCISE / EXERCÍCIO 71
**A carta de André**
1. R : O estilo da carta de André Luiz é informal. / A carta de André é informal.
2. R : (Resposta individual)

3. R : Neste momento, André e Adriana estão em Friburgo, na casa de Carlos.
4. R : De acordo com o texto, o apartamento de Carlos é lindo e aconchegante.
5. R : A namorada de Carlos, Hanna, está morando com ele.
6. *They get along very well!* - Eles se dão super bem!
*Can you believe that?* - Dá para acreditar nisso?
*The window faces the swimming pool* - A janela dá para a piscina
*I think that there will be a wedding soon* – Acho que isso vai dar em casamento!
*Wow, it's nearly 3 p.m.!* – Caramba, já vão dar 3 horas!
7. R : A esposa de André está grávida.
8. R : (Resposta individual)
9. R : (Resposta individual)
10. R : O equivalente da expressão « né » em inglês é «don't you?»
11. R : Hanna tem uma «bolsa de estudos». Ela é, portanto, uma aluna bolsista.
12. R : Hanna estuda / faz Engenharia na Universidade. / Hanna faz Faculdade de Engenharia.

# EXERCISE / EXERCÍCIO 72
As answers to this exercise will vary for each student, we have not provided definitive answers. Please discuss your answers with your teachers / peers.

# EXERCISE / EXERCÍCIO 73
As answers to this exercise will vary for each student, we have not provided definitive answers. Please discuss your answers with your teachers / peers.

# EXERCISE / EXERCÍCIO 74
As answers to this exercise will vary for each student, we have not provided definitive answers. Please discuss your answers with your teachers / peers.

# EXERCISE / EXERCÍCIO 75
**Aumentando o seu vocabulário**
greet = cumprimentar
clothing = vestuário
at first glance = à primeira vista
behavior' rules = regras de conduta
is part of / takes part in = faz parte da
people = povo
habits and customs = hábitos e costumes
foreigner = estrangeiro
if not = caso contrário
it is the protocol = "manda a etiqueta"

# EXERCISE / EXERCÍCIO 76
1. tomar sopa
2. tirar os sapatos
3. curvar-se

4. dar gorjeta
5. cumprimentar as pessoas com beijos / beijar as pessoas ao cumprimentá-las

### EXERCISE / EXERCÍCIO 77

<u>Não se deve beijar nem abraçar as pessoas ao cumprimentá-las.</u> <u>Não se deve falar em voz alta.</u> <u>Não se deve deixar ninguém esperando.</u> <u>Não se deve dar gorjeta em ocasião alguma!</u>

### EXERCISE / EXERCÍCIO 78

a. Não se deve encarar as pessoas
b. Deve-se evitar encarar as pessoas
c. Não se deve beijar nem abraçar as pessoas ao cumprimentá-las.
d. Deve-se evitar beijar e abraçar as pessoas ao cumprimentá-las.
e. Não se deve falar em voz alta.
f. Deve-se evitar falar em voz alta.
g. Não se deve deixar *ninguém* esperando.
h. Deve-se evitar deixar alguém / as pessoas esperando.

### EXERCISE / EXERCÍCIO 79

As answers to this exercise will vary for each student, we have not provided definitive answers. Please discuss your answers with your teachers / peers.

### EXERCISE / EXERCÍCIO 80

As answers to this exercise will vary for each student, we have not provided definitive answers. Please discuss your answers with your teachers / peers.

### EXERCISE / EXERCÍCIO 81

**Verb dever**

a. Já passam das 8. A essas horas já não <u>DEVE</u> haver mais ninguém no escritório.
b. Você não <u>DEVE</u> comer muito antes de dormir. Isso prejudica o sono.
c. O aluno pode faltar à aula, mas não <u>DEVE</u>
d. O neném está tão quente! <u>DEVE</u> estar com febre.
e. A reunião <u>DEVE</u> atrasar, pois o chefe ainda não chegou.
f. Alguém sabe onde <u>DEVE</u> estar meu livro de português?
g. Os bancos não <u>DEVEM</u> funcionar no feriado.
h. O filme <u>DEVE</u> começar em 15 ou 20 minutos.
i. Eles <u>DEVEM</u> estar para chegar a qualquer momento.
j. Que horas <u>DEVEM</u> ser agora, hein?
k. Nós <u>DEVEMOS</u> jogar no time azul.

### EXERCISE / EXERCÍCIO 82

As answers to this exercise will vary for each student, we have not provided definitive answers. Please discuss your answers with your teachers / peers.

### EXERCISE / EXERCÍCIO 83

1. 10 am.
2. 7:30 am.

3. 9 am. / 6 pm.
4. 7:40 pm.
5. 8 am. / 8:55 am.
6. 5:30 am.
7. 7:30 pm.
8. 8 am. / 9:15 am.
9. 00:00 h / midnight
10. 1 pm. / 4 pm.

## EXERCISE / EXERCÍCIO 84

As answers to this exercise will vary for each student, we have not provided definitive answers. Please discuss your answers with your teachers / peers.

## EXERCISE / EXERCÍCIO 85

**Música:** Mel (Maria Bethânia)
Ó **abelha rainha**
Faz de mim um instrumento
De teu **prazer**, sim, e de tua **glória**
Pois se é **noite** de completa **escuridão**
Provo do **favo** de teu **mel**
Cavo a direta **claridade** do **céu**
E agarro o **sol** com a **mão**
É **meio-dia**, é **meia-noite**, é toda **hora**
Lambe **olhos**, torce **cabelos**
Feiticeira vamo-nos embora
É meio-dia, é meia-noite
Faz **zum zum** na **testa**
Na **janela**, na fresta da **telha**
Pela **escada**, pela **porta**
Pela estrada toda à fora
Anima de **vida** o seio da **floresta**
**Amor** empresta a praia **deserta**
**Zumbe** na **orelha**, **concha** do **mar**
Ó **abelha boca** de **mel**
**Carmim, carnuda, vermelha**
Ó abelha rainha
Faz de mim um instrumento
De teu prazer, sim, e de tua glória.

## EXERCISE / EXERCÍCIO 86

(This exercise can be subjective)
abelha
rainha
mel
favo de mel
zumbe
zum zum

prazer
glória
zum zum

escuridão
claridade
céu
meia-noite
janela
amor
vida
prazer

sol
claridade
meio-dia
céu
amor
vida
prazer

amor
vida
boca
meio-dia, meia-noite, toda hora
(...)

## EXERCISE / EXERCÍCIO 87
**Compreensão auditiva**

1. (F) (Ele vai jantar com a esposa dele)
2. (F) (Ele não está desempregado, ele está de férias)
3. (V)
4. (V)
5. (V) (ao meio-dia)
6. (V)

## EXERCISE / EXERCÍCIO 88
As answers to this exercise will vary for each student, we have not provided definitive answers. Please discuss your answers with your teachers / peers.

## EXERCISE / EXERCÍCIO 89
**Business Hours in Brazil / *O horário comercial no Brasil***
O metrô abre às <u>4:40h</u> e fecha às <u>00h</u> (meia-noite)
O posto de gasolina abre às <u>6h</u> e fecha às <u>20h</u>.
O correio abre às <u>8h</u> e fecha às <u>17h</u>.
O supermercado abre às <u>8h</u> e fecha às <u>22h</u>.[12]

Os bares abrem às <u>18h</u> e fecham às <u>3h</u>.
Os restaurantes abrem às <u>11h</u> e fecham às <u>23h</u>.

---

[12] Sábados e feriados das 8h às 20h. Domingos das 10h às 19h.

Os bancos abrem às 10h e fecham às 16h.
Os Shoppings abrem às 10h e fecham às 22h[13]

A rodoviária abre às 5h e fecha às 00h
A biblioteca abre às 9h e fecha às 17h
A padaria abre às 6h e fecha às 22h.
A farmácia abre às 8h e fecha às 17h

As livrarias abrem às 9h e fecham às 17h
As lojas abrem às 9h e fecham às 18h
As escolas abrem às 7:30h e fecham às 17:30h
NOTE: that business hours can vary from city to city, or according to the business owner's will. The timetable can also vary on weekends.

## EXERCISE / EXERCÍCIO 90
As answers to this exercise will vary for each student, we have not provided definitive answers. Please discuss your answers with your teachers / peers.

## EXERCISE / EXERCÍCIO 91
**Business Hours on Public Holidays / O horário comercial nos feriados**

**Bancos**

As agências fecham. Contas que vencem na quarta-feira vão poder ser pagas sem ônus na quinta.

**Correios**

As agências fecham, exceto a do Aeroporto Internacional Tom Jobim, o Galeão, que abre das 8h às 15h.

**Shoppings**

As lojas do Center Shopping abrem das 15h às 21h, e a praça de alimentação das 11h às 22h. No Ilha Plaza, as lojas funcionam de 15h à 21h, enquanto a praça de alimentação fica aberta das 12h às 22h. As lojas e stands do Norte Shopping permanecem abertos das 15h às 21h; as praças de alimentação, restaurantes e área de lazer funcionam das 12h às 21h. No Plaza Shopping Niterói, as lojas abrem entre 13h e 21h, enquanto a praça de alimentação funciona das 12h às 22h. No Recreio Shopping, as lojas satélites, âncoras e quiosques abrem das 15h às 21h; já a área de lazer e a praça de alimentação funcionam entre 12h e 22h. As lojas do Rio Plaza abrem das 15h às 21h, enquanto os restaurantes funcionam normalmente a partir das 12h. No Shopping Tijuca, lojas e quiosques ficam abertos entre 15h e 21h, enquanto a praça de alimentação funciona das 12h às 22h. As lojas do Via Brasil funcionam das 13h às 21h; a **área** de lazer e a praça de alimentação abrem entre 11h e 22h. No West Shopping, as lojas abrem entre 13h e 21h, enquanto a praça de alimentação atenderá aos clientes das 11h às 23h.

**Metrô**

Funciona das 7h às 23h, com transferência entre linhas 1 e 2 na Estação Estácio. Os serviços de ônibus Metrô na Superfície respeitam o mesmo horário de

---
[13] Domingos e feriados das 14h às 20h.

funcionamento. Linhas 913 e 616, que saem da Estação Nova América / Del Castilho em direção à Ilha do Fundão (Cidade Universitária), não funcionam. Para quem vai ao Engenhão assistir ao jogo entre Botafogo e Ceará, há duas opções: um ônibus saindo da Estação Nova América / Del Castilho, com parada no Estádio João Havelange, ou a integração com a SuperVia.

**Barcas**
Intervalos de 30 minutos na linha Niterói-Praça XV, que funciona das 6h às 23h30. A linha de Paquetá transcorre normalmente. Não haverá serviço nas linhas Charitas e Cocotá.

**Limpeza urbana**
Coleta de lixo e poda de árvores ocorrerá normalmente. Para chamadas de emergência, a população deve entrar em contato pela central de atendimento da prefeitura (1746).

**Água**
A Companhia Estadual de Águas e Esgotos (Cedae) vai fazer atendimentos emergenciais 24 horas através da central de atendimento da prefeitura (1746).

**Luz**
As agências da Light fecham. Para atendimentos comerciais e emergências, o numero do Disque-Light é 0800-282-020. O serviço fica disponível 24 horas, podendo ser feito também pelo site www.light.com.br.

**Trens**
Os trens circularão das 4h39 às 19h. O Ramal Japeri terá trem extra à 0h35, partindo de Japeri para Paracambi. Confira os intervalos dos ramais: Santa Cruz (30 minutos), Japeri (30 minutos), Saracuruna (45 minutos) e Belford Roxo (60 minutos).

## EXERCISE / EXERCÍCIO 92

1. Por que é feriado no Brasil no dia 7 de setembro?
   *R: Porque é o Dia da Independência do Brasil / Porque é o dia em que se comemora a Independência do Brasil.*

2. No feriado, os bancos fecham. Qual é a solução para as pessoas com contas que vencem na quarta-feira?
   *R: "Contas que vencem na quarta-feira vão poder ser pagas sem ônus na quinta." / As pessoas podem pagar suas contas na quinta-feira.*

3. Todas as agências de correio vão fechar no feriado?
   *R: "As agências fecham, exceto a do Aeroporto Internacional Tom Jobim, o Galeão, que abre das 8h às 15h." / Nem todas, as agências de correio do Aeroporto Internacional Tom Jobim, o Galeão abrem das 8h às 15h.*

4. Até que horas as lojas do Ilha Plaza funcionam?
   *R: As lojas funcionam até às 21h.*

5. No Shopping Brasil, o que funciona entre 11h e 22h?
   *R: Funcionam entre 11h e 22h a área de lazer e a praça de alimentação.*

6. A "Limpeza Urbana" vai prestar serviços de emergência no feriado. O que você deve fazer para entrar em contato?
   R: *Devo entrar em contato pela central de atendimento da prefeitura (1746).*

7. O que funciona nos dias de feriado do seu país?
   (*individual answer*)

8. Qual é o feriado mais importante no seu país?
   (*individual answer*)

9. O que você normalmente faz em um dia de feriado?
   (*individual answer*)

10. Você acha que há mais feriados no Brasil do que no seu país? Pergunte ao seu professor e aos amigos brasileiros e compare.
    (*individual answer*)

## EXERCISE / EXERCÍCIO 93

"Meu nome é Natália. Eu tenho 22 anos e sou estudante. Estou cursando o 3º ano de Geografia na universidade. Nos fins-de-semana, estudo um pouco e faço meus deveres de manhã. À tarde, trabalho numa farmácia 24 horas onde sou balconista."

a. (X) balconista
b. (X) o 3º ano de Geografia
c. (X) 22 anos
d. (X) estuda e faz seus deveres
e. (X) trabalha em uma farmácia 24 horas

## EXERCISE / EXERCÍCIO 94

acordar                                     levantar
fazer a barba (barbear-se) /                tomar café da manhã
escovar os dentes / lavar o rosto
pegar (tomar) o ônibus                      chegar na aula
chegar em casa                              ver / assistir televisão no sofá
jantar                                      ir para a cama / dormir

## EXERCISE / EXERCÍCIO 95

As answers to this exercise will vary for each student, we have not provided definitive answers. Please discuss your answers with your teachers / peers.

## EXERCISE / EXERCÍCIO 96

**Author's Note**: Observe how hours are usually written (grammatically correct). Check the square brackets [ ]. Note that "h" refer to "hora" or "horas"

1. Às 5:45 da manhã                [Às 5:45 h]
2. Às 7 da manhã                   [Às 7 h]
3. Às 7:15 da manhã                [Às 7:15 h]
4. Entre meio-dia e uma da tarde   [Entre 12 h e 13 h (or) Entre 12 e 13 horas]
5. Às 5, mas às vezes me atraso e saio às 5:30 [Às 17 h, mas às vezes me atraso e saio às 17:30 h]

6. Às 6:20 da noite [Às 18:20 h]
7. entre 8 e 8:30 da noite
8. entre 10 e 11 da noite
9. São ... (tell the time to your classmate).

## EXERCISE / EXERCÍCIO 97

**Minha rotina (transcription)**

Meu nome é Joana. E esta é a minha rotina.

Normalmente acordo às 7, mas <u>levanto</u> às 7:30. Então, tomo banho, <u>tomo</u> um <u>café</u> rapidamente ou como uma banana e vou para a academia. Faço uma hora de ginástica ou <u>nado</u>, mas quando <u>estou cansada</u> meia hora basta. Quando não vou à <u>academia</u> leio o jornal e começo a trabalhar no computador bem <u>cedinho</u>. Trabalho em casa nas terças e quintas-<u>feiras</u>. Nos outros dias trabalho numa <u>papelaria</u> no centro da cidade. Costumo almoçar <u>entre</u> 1 e 2 horas quando há pouco movimento na loja. Depois tomo um <u>cafezinho</u>. Entretanto, quando tem muito movimento, nem <u>dá</u> para <u>almoçar</u>. Às 16h <u>termino</u> de trabalhar. Então, <u>pego</u> o ônibus que sempre está lotado, e <u>chego</u> em casa às 7:30 da noite. Preparo um jantar rapidinho <u>enquanto</u> ligo para alguma amiga. Vejo um pouco de televisão e logo depois vou <u>para</u> a cama. Leio um pouco até pegar no sono. <u>Durmo</u> entre 11:30 e meia-noite, aproximadamente.

## EXERCISE / EXERCÍCIO 98

1. Joana trabalha em casa nas terças e quintas-feiras. Nos outros dias, ela trabalha numa papelaria no centro da cidade.
2. Joana costuma almoçar entre 1 e 2 horas quando há pouco movimento na loja.
3. Joana não almoça.
4. Individual answer.
5. A papelaria fica no centro da cidade
6. Joana termina de trabalhar às 6 da tarde / às 18 horas.
7. Joana liga para uma amiga enquanto prepara o jantar.
8. Joana lê um pouco para / até pegar no sono.
9. Individual answer.
10. Individual answer.

## EXERCISE / EXERCÍCIO 99

As answers to this exercise will vary for each student, we have not provided definitive answers. Please discuss your answers with your teachers / peers.

## EXERCISE / EXERCÍCIO 100

As answers to this exercise will vary for each student, we have not provided definitive answers. Please discuss your answers with your teachers / peers.

## EXERCISE / EXERCÍCIO 101

1. Durante a semana Dayse vai à universidade onde estuda Cinema e Ciências Sociais. Às tardes ela estuda um pouco e vai para a biblioteca.
2. Nas sextas-feiras ela vai à academia para malhar e eliminar a tensão da semana.

3. Hoje ela não vai fazer nada porque está com muita preguiça.
4. Individual answer.
5. Individual answer.
6. Individual answer.

## EXERCISE / EXERCÍCIO 102
1. Afonso vai à (or 'para a') universidade durante a semana.
2. Afonso está no terceiro ano da universidade.
3. De segunda à quarta Afonso trabalha num restaurante na cidade.
4. Nas sextas-feiras à noite Afonso vai à academia para manter a forma. Depois sai com alguns amigos para tomar uma cerveja e conversar.
5. Hoje ele vai jantar com a sua namorada / com a namorada dele.
6. Individual answer.
7. Individual answer.
8. Individual answer.
9. Individual answer.

## EXERCISE / EXERCÍCIO 103
**Quando não tenho que trabalhar**

Quando eu não tenho <u>que</u> trabalhar, normalmente acordo às 7 ou 8 <u>da manhã</u>. Eu <u>levanto</u> logo em seguida porque eu não gosto <u>de</u> ficar na cama até tarde. Eu tomo café da manhã e, então eu vou correr ou caminhar. Às vezes eu ando de bicicleta. Quando termino volto para casa e tomo banho <u>bem</u> quentinho. Então eu relaxo, deito no sofá e geralmente <u>leio</u> um livro ou vejo televisão. Se minhas amigas <u>estão</u> livres como eu, então nós almoçamos juntas. Se não, <u>eu almoço</u> à uma ou às duas da tarde. Depois, <u>de tarde</u>, eu preparo <u>o jantar</u>. Depois disso vejo televisão com minha mãe ou leio um livro. Eu <u>durmo</u> às 10 da noite, aproximadamente. <u>Uma vez</u> por semana eu tenho aulas de balé e italiano na cidade. Uma ou <u>duas vezes</u> por semana eu jogo tênis com Suellen ou Tony. Quando eu tenho lição de casa de italiano, eu a completo nos meus <u>dias</u> de <u>folga</u>. Eu <u>aproveito</u> muito bem o meu dia quando não tenho que trabalhar. Quem me dera ter mais dias livres durante a semana!

## EXERCISE / EXERCÍCIO 104
**Compreensão auditiva**
 No diálogo 1,
 *O convite é para...*
 **(x) tomar um açaí**
 *Onde?*
 **(x) em Dee Why**
 *A que horas é o 'encontro' (meeting)?*
 **(x ) às 11:30 h**
 *O homem aceita o convite. Que palavras revelam a aceitação do convite?*
 **(x) Ótimo. Fechado!**

 No diálogo 2,
 *A 'moça' convida o 'rapaz' para ir...*
 **(x) à praia**

*Quando vai ser o evento?*
**(x) no sábado**
*O rapaz...*
**(x) não pode ir no sábado porque ele trabalha nesse dia**

**No diálogo 3,**
*A moça convida a amiga para...*
**(x) tomar uma cerveja**
*Quando eles vão se encontrar?*
**(x) depois do trabalho**
*Onde eles vão se encontrar?*
**(x) no Ópera Bar**

**No diálogo 4,**
*Uma amiga convida a outra para ir...*
**(x) à academia**
*As duas amigas resolvem ir à academia...*
**(x) às 7 da noite**

## EXERCISE / EXERCÍCIO 105

As answers to this exercise will vary for each student, we have not provided definitive answers. Please discuss your answers with your teachers / peers.

## TEXT CREDITS

The following reading is reprinted by permission of Abril Comunicações S.A.: "1500 reais in 6 month"

Credit: Fernanda Tambelini /Você S/A magazine/ Abril Comunicações S/A

The following reading is reprinted by permission of Terra Brasil Networks S.A:

"Veja o que abre e fecha no Rio no feriado de 7 de Setembro"